KB089764

일본어를 몰라도 백퍼 일본을 즐길 수 있는

미니북
백퍼 여행
일본어

임단비 | 구라모토 타에코 지음
오쿠무라 유지 감수

Raspberry 라즈
베리

*외국어는 공부가 아니라 다른 세상과의 만남입니다.

이 책은 <백퍼 여행 일본어>의 개정 축소판입니다.

❶ 일본어를 몰라도 손가락으로 짚으면 통합니다.
일본어를 모른다고 겁내지 마세요.
처음에는 일본어 발음을 보고 말해 보세요.
그래도 통하지 않을 때는 그냥 손가락으로 짚으세요.

❷ 일본어를 몰라도 손가락으로 짚어 달라고 하면 통합니다.
일본인이 한 말을 못 알아들을 때도 걱정 마세요.
책을 보여 주면서 이 책에서 짚어 달라고 하세요.

"この本で指さして ください。"

코노 홍데 유비사시테 쿠다사이

❸ 일본어가 통하면 일본을 백퍼 즐길 수 있게 됩니다.
이렇게 해서 일본어가 통하는 기쁨을 느끼게 되면,
일본을 백퍼 즐길 수 있을 뿐 아니라 일본어까지
덤으로 얻게 될 것입니다.

일본 가기 전에
딱 한 번만
읽고 가기!!

준비하다 ·
묵 숙박하다 ·
이동하다
걷 다
자 다
먹 다
즐기다
사 다
해결하다
교류하다

Trip1 준비하다 準備する
준 비 스 루

일본어 못해요.
日本語 できません。
니홍고 데키마셍

이 책에서 짚어 주세요.
この 本で 指さして ください。
코노 홍데 유비사시테 쿠다사이

일본어 할 수 있어요.
日本語が できます。
니홍고가 데키마스

01 일본 日本 <ruby>日本<rt>にほん</rt></ruby>

일본의 또 다른 이름

일본 · 재팬 **日本 · JAPAN**	니홍 **にほん** 니홍	닛뽄 **にっぽん** 닛뽄	재팬 **ジャパン** 쟈팡

일본어

일본어 <ruby>日本語<rt>に ほん ご</rt></ruby> 니홍고	히라가나 **ひらがな** 히라가나	가타카나 **かたかな** 카타카나	한자 <ruby>漢字<rt>かん じ</rt></ruby> 칸지

'일본' 하면 떠오르는 것

벚꽃 **さくら** 사쿠라 	온천 <ruby>温泉<rt>おん せん</rt></ruby> 온센	만화 <ruby>漫画<rt>まん が</rt></ruby> 망가
애니메이션 **アニメ** 아니메	축제 <ruby>祭<rt>まつり</rt></ruby> 마츠리	지진 <ruby>地震<rt>じ しん</rt></ruby> 지신
기모노 <ruby>着物<rt>き もの</rt></ruby> 키모노	초밥 <ruby>寿司<rt>す し</rt></ruby> 스시	후지 산 <ruby>富士山<rt>ふ じ さん</rt></ruby> 후지상

7

준비하다
입국·출국하다
이동하다
걷다
자다
먹다
즐기다
사다
해결하다
교류하다

① 주문·부탁·의뢰할 때

커피 주세요.

커피	주세요.
コーヒー、	**〜ください。**
코-히-	쿠다사이

이것
これ
코레

그것
それ
소레

저것
あれ
아레

물
お水
みず
오미즈

주세요.
ください。
쿠다사이

② 눈앞의 물건을 물을 때

이것은 무엇인가요?

이것은   무엇인가요?
これは 何ですか?
코레와   난데스카

얼마
いくら
이쿠라

일본제품
日本製
니홍세-

어떤   맛
どんな味
돈나   아지

무슨   고기
何の肉
난노   니쿠

이것은
これは
코레와

+

+

인가요?
ですか?
데스카

준비하다

일 · 출 하다

이동하다

걷다

자다

먹다

즐기다

사다

해결하다

교류하다

③ 재고를 알아볼 때

우산 있어요?

우산　　있어요?
傘、ありますか?
かさ
카사　　아리마스카

지도
地図
ちず
치즈

팸플릿
パンフレット
팜후렛토

큰　　　사이즈
大きいサイズ
おお
오-키-　　사이즈

작은　　사이즈
小さいサイズ
ちい
치-사이　　사이즈

있어요?
ありますか?
아리마스카

+

단, 사람에 대해 물어볼 때
는 いますか? (이마스카)
를 쓴다.

한국어 말할 수 있는 사람
韓国語、話せる人
かんこくご　はな　　ひと
캉코쿠고　　하나세루　히토

+

있어요?
いますか?
이마스카

10

역은 어디인가요?

역은 어디 인가요?
駅は どこですか？
에키와   도코데스카

화장실
トイレ
토이레

입구
入り口
이리구치

출구
出口
데구치

택시   타는 곳
タクシー乗り場
타쿠시-   노리바

은/는 어디인가요?

+ は どこですか？
와   도코데스카

준비하다
입국·출국하다
이동하다
걷다
자다
먹다
즐기다
사다
해결하다
교류하다

⑤ 허가를 구할 때

부탁 좀 해도 될까요?

| 좀 | 부탁 | 해 | 도 좋을 | 까요? |

ちょっと お願いしても いいですか?

촛토　　　오네가이　시 테모　이- 데스카

사진을 찍어
写真を 撮っ
샤싱오　톳

안으로 들어가
中に 入っ
나카니 하잇

길을 물어
道を 聞い
미치오 키이

＋

도　　될까요?
てもいいですか?
테모　이-데스카

이거 써
これ 使っ
코레 쯔캇

헌책방에 가고 싶은데요…

헌책방에　　　　가고 싶은　　　데요
ブックオフに 行きたいんですが・・・
북쿠오후니　　　　이키　타인　　　데스가

체크인　　　　　　　하
チェックイン し
첵쿠인　　　　　　　시

체크아웃　　　　　　하
チェックアウト し
첵쿠아우토　　　　　시

오코노미야키를　먹
お好み焼きを 食べ
오코노미야키오　　　타베

환전　하
両替 し
료-가에　시

＋

고 싶은데요…
たいんですが・・・
타인데스가

03 적어도 이것만은 기억해요

준비하다
입국·출국하다
이동하다
걷다
자다
먹다
즐기다
사다
해결하다
교류하다

말 걸기

잠깐만요! **ちょっと！** 춋토	여기요! / 실례지만… **すみません！/ すみません・・・** 스미마셍
저어… **あのう・・・** 아노-	네, 왜 그러시죠? **はい、何ですか？** 하이 난데스카

すみません은 '여기요!' 하고 점원을 부를 때, '미안해!' 하고 사과할 때, '실례합니다! 지나갈게요.' 하고 양해를 구할 때 등 다양한 의미로 사용하는 말이다.

あのう는 말을 걸 때나 무언가를 답하기 전에 생각할 때 쓴다.

의사 전달

예. **はい。** 하이	아뇨. **いいえ。** 이-에
알겠어요. **わかりました。** 와카리마시타	잘 모르겠어요. **よく わかりません。** 요쿠 와카리마셍
좋네요. **いいですね。** 이-데스네	그건, 좀… **それは ちょっと・・・** 소레와 춋토
네, 괜찮아요. **はい、大丈夫です。** 하이 다이죠부데스	아뇨, 정말 괜찮아요. **いえ、本当に 大丈夫です。** 이에 혼토니 다이죠-부데스

14

せめて これだけは 覚えましょう 세메테 코레다케와 오보에마쇼-

만날 때 인사

안녕하세요. (아침)　　　　　(점심)　　　　　　(저녁)

おはよう ございます。/ こんにちは。/ こんばんは。

오하요-고자이마스　　　　콘니치와　　　　　콘방와

안부

오랜만이야. **久しぶり。** 히사시부리	오랜만이에요. **お久しぶりです。** 오히사시부리 데스

↓　　　　　　　　↓

잘 지냈어? **元気だった？** 겐키 닷타	잘 지내셨어요? **お元気でしたか？** 오겡키 데시타카

↓　　　　　　　　↓

응, 잘 지냈어. **うん、元気だった。** 응 겐키닷타	덕분에 잘 지냈어요. **おかげ様で 元気です。** 오카게사마데 겐키데스

일본에 도착하면

일본에 오신 것을 환영합니다.

ようこそ日本へ。

요-코소 니홍에

가게에서

어서 오세요.

いらっしゃいませ。

이랏샤이마세

15

04 이것까지 알면 더 많이 말할 수 있다

만능 표현

(선물을 주면서) 별 거 아니지만…
つまらない 物ですが・・・
쯔마라나이 모노데스가

(손을 내밀어 권하면서) 여기요!
どうぞ！
도-조

고마워요!
どうも！
도-모

일본어를 유창하게 하지 않아도, 손을 내밀면서 どうぞ라고만 하면 '앉으세요, 드세요, 쓰세요, 받으세요, 먼저 타세요, 들어오세요…' 등등 이런 모든 의미를 쉽게 전달할 수 있다. 고맙다는 인사는 どうも라고만 해도 된다.

고마움

고마워.
ありがとう。
아리가토-

고마워요.
ありがとうございます。
아리가토-고자이마스

(고마워하면서) 정말 고마워.
どうも、ありがとう。
도-모 아리가토-

(미안해하면서) 정말 고마워요.
どうも、すみません。
도-모 스미마셍

미안함

미안해요.
すみません。
스미마셍

정말 죄송해요.
どうも、すみません。
도-모 스미마셍

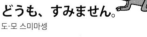

늦어서 죄송해요.
遅くなって すみません。
오소쿠낫테 스미마셍

どうも、すみません(도-모 스미마셍)은 미안하면서 고맙다는 의미로 쓰는 말이며, どうも、すみませんでした(도-모 스미마셍데시타)는 폐를 끼쳐서 미안하다는 의미로 사과할 때 쓰면 된다.

16

칭찬 · 감탄

정말로
本当に
ほんとう
혼토-니

굉장히
すごく
스고쿠

굉장하다
すばらしい
스바라시이

멋있다
ステキ
스테키

잘생겼다
カッコイイ
칵코이이

+

귀엽다
かわいい
카와이-

맛있다
おいしい
오이시-

예쁘다
キレイ
키레-

잘한다
上手
じょう ず
죠-즈

재미있다
おもしろい
오모시로이

+

네요!
ですね！
데스네

그래?
そう？
소-?

그래요?
そうですか？
소-데스카?

(그렇게 말해주니)
기분 좋다!
うれしい！
우레시-

기분 좋네요!
うれしいです！
우레시-데스

넘 웃겨!
おもしろすぎ〜！
오모시로스기

おもしろい(오모시로이)에는
'재미있다, 웃기다'라는 2가지
의미가 있어요.

17

준비하다
일국·출국하다
이동하다
걷다
자다
먹다
즐기다
사다
해결하다
교류하다

의문

| 언제
いつ
이츠 | + | 먹어요?
食べますか？
타베마스카 | 어디에
どこに
도코니 | + | 가나요?
行きますか？
이키마스카 |

| 어디서
どこで
도코데 | + | 사나요?
買いますか？
카이마스카 |

움직이는 생물은 いますか를 쓴다.

있어요?
いますか？
이마스카

| 무엇을
何を
나니오 | | 하나요?
しますか？
시마스카 |

움직임이 없는 사물이나 무생물에는 **ありますか**를 쓴다.

있어요?
ありますか？
아리마스카

| 무엇으로
何に
나니니 | + | 하나요?
しますか？
시마스카 |
| | | 타나요?
乗りますか？
노리마스카 |

도코니
아리마스카?

| 얼마
いくら
이쿠라 | 왜
なぜ
나제 | 어느 쪽
どっち
돗치 |
| 어느 거
どれ
도레 | 어때
どう
도- | 누구
誰
다레 |

+

예요(이에요/요)?
ですか？
데스카

18

부사

빨리	역시	좀	우선
早く	**やっぱり**	**ちょっと**	**とりあえず**
하야쿠	얏빠리	춋토	토리아에즈

빨리 가죠. **早く 行きましょう。** 하야쿠 이키마쇼-	역시 안 할래요! **やっぱり、やめます。** 얏빠리 야메마스
좀 기다려 주세요. **ちょっと 待って ください。** 춋토 맛테 쿠다사이	우선, 맥주 (주세요)! **とりあえず、ビール！** 토리아에즈 비-루

바로	벌써, 이미	아직	천천히	많이 / 한 잔
すぐ	**もう**	**まだ**	**ゆっくり**	**いっぱい**
스구	모-	마다	육쿠리	입빠이

바로 되나요? **すぐ できますか？** 스구 데키마스카	벌써 먹었어요? **もう 食べましたか？** 모- 타베마시타카	아직이요. **まだです。** 마다데스

천천히 하세요! / 천천히 드세요! **ごゆっくり どうぞ！** 고육쿠리 도-조 どうぞ、ごゆっくり**도** 말이 된다.	많이 주세요! / 한 잔 주세요! **いっぱい ください！** 입빠이 쿠다사이

いっぱいください는 いっ에 액센트를 주면 '한 잔 주세요.', ぱ에 액센트를 주면 '많이 주세요.'라는 뜻이 된다.
보통 한 잔의 一杯(いっぱい)는 한자로 쓴다.

05 오사카 사투리 한마디 関西弁のひとこと 칸사이벤노 히토코토

우리가 배우는 일본어는 일반적으로 표준어, 즉 도쿄에서 쓰는 말이다. 여기에서는 일본 TV에서도 자주 나오는 오사카 사투리를 살짝 소개한다. 오사카, 교토, 효고, 나라 등의 간사이 지방에서 쓰는 방언을 関西弁(かんさいべん:간사이벤:오사카 사투리)이라고 한다. 오사카 사투리의 특징은 어미를 길게 빼서 발음하거나 조사를 생략해서 쓴다.

준비하다
입국·출국하다
이동하다
걷다
자다
먹다
즐기다
사다
해결하다
교류하다

고마워요!
ありがとう！＝おおきに！
아리가토-　　　　　　오-키니

정말로?
ホントに？＝ホンマに？
혼토니　　　　　　혼마니

좋네. / 좋겠다.
いいなぁ。＝ええなぁ。
이-나-　　　　　에-나-

좋지? / 멋있지?
いいだろう？＝ええやろ？
이-다로-　　　　　에-야로

신경 안 써! / 괜찮아!
かまわない！・大丈夫！＝かまへん！
카마와나이　　　다이죠-부　　카마헹

안 돼!
だめ！＝あかん！
다메　　　아캉

안 되는 거야?
だめなの？＝あかんのん？
다메나노　　　　아칸농

왜?
なんで？＝なんでやねん？
난데　　　　난데야넹

어떻게 된 건데?
どういうことなんだよ？＝どないやねん？
도-이우 코토난다요　　　　　도나이야넹

아냐 아냐! / 달라 달라!

違う違う！=ちゃうちゃう！

치가우 치가우   챠우챠우

이거 얼마예요?

これ、いくらですか？＝これ、なんぼ？

코레 이쿠라데스카   코레 난보

조금 싸게 해 주세요!

ちょっと安くしてください！＝ちょっとまけて！

춋토 야스쿠시테 쿠다사이   춋토 마케테

그럼, 안녕!

じゃあ、さようなら！＝ほな、さいなら！

쟈- 사요-나라   호나 사이나라

호나 사이나라~

준비하다

입국·출국하다

이동하다

걷다

자다

먹다

즐기다

사다

해결하다

교류하다

얼마예요? **いくらですか？** 이쿠라데스카	→	~엔이에요. **~円です。** 엔데스	~엔입니다. **~円で ございます。** 엔데 고자이마스

원은 ₩(ウォン:원), 달러는 $(ドル:도루:달러), 엔은 円, ¥(えん:엔)으로 표기한다.

위에서부터 아래로 읽으면 원하는 금액을 말할 수 있다.

만 **10,000** 이치만	이만 **20,000** 니망	삼만 **30,000** 삼만	사만 **40,000** 욘망	오만 **50,000** 고망
천 **1,000** 셍	이천 **2,000** 니셍	삼천 **3,000** 산젱	사천 **4,000** 욘셍	오천 **5,000** 고셍
백 **100** 햐쿠	이백 **200** 니햐쿠	삼백 **300** 삼바쿠	사백 **400** 용햐쿠	오백 **500** 고햐쿠
십 **10** 쥬-	이십 **20** 니쥬-	삼십 **30** 산쥬-	사십 **40** 욘쥬-	오십 **50** 고쥬-
일 **1** 이치	이 **2** 니	삼 **3** 상	사 **4** 요	오 **5** 고

만 엔부터는 まんえん(망엔)이라고 하지 않고 いち를 붙여서 1万円(いちまんえん:이치망엔:만 엔), 一億(いちおく:이치오쿠:억), 一兆(いっちょう:잇초-:조)라고 한다. 만 엔 이하는 1千円(せんえん:셍엔), 1百円(ひゃくえん:햐쿠엔)으로 한국과 똑같이 읽으면 OK!

~엔 되겠습니다.
~円になります。
엔니 나리마스

돈	지폐	동전
お金	お札	小銭
오카네	오사츠	코제니

육만 **60,000** 로쿠망	칠만 **70,000** 나나망	팔만 **80,000** 하치망	구만 **90,000** 큐-망	만 **万** 망
육천 **6,000** 로쿠셍	칠천 **7,000** 나나셍	팔천 **8,000** 핫셍	구천 **9,000** 큐-셍	천 **千** 셍
육백 **600** 록빠쿠	칠백 **700** 나나햐쿠	팔백 **800** 핫빠쿠	구백 **900** 큐-햐쿠	백 **百** 햐쿠
육십 **60** 로쿠쥬-	칠십 **70** 나나쥬-	팔십 **80** 하치쥬-	구십 **90** 큐-쥬-	십 **十** 쥬-
육 **6** 로쿠	칠 **7** 시치 / 나나	팔 **8** 하치	구 **9** 큐-	엔 **円** 엔

300, 600, 800의 발음에 주의한다.

07 숫자와 조수사 数字と助数詞 스-지토 조스-시

준비하다 입국·출국하다 이동하다 걷다 자다 먹다 즐기다 사다 해결하다 교류하다

1	2	3	4	5	6
いち 이치	**に** 니	**さん** 상	**し · よん** 시 · 용	**ご** 고	**ろく** 로쿠
いっこ 잇코	**にこ** 니코	**さんこ** 상코	**よんこ** 용코	**ごこ** 고코	**ろっこ** 록코
いちまい 이치마이	**にまい** 니마이	**さんまい** 삼마이	**よんまい** 욘마이	**ごまい** 고마이	**ろくまい** 로쿠마이
いっぽん 잇뽕	**にほん** 니홍	**さんぼん** 삼봉	**よんほん** 욘홍	**ごほん** 고홍	**ろっぽん** 록뽕
いっぱい 입빠이	**にはい** 니하이	**さんばい** 삼바이	**よんはい** 용하이	**ごはい** 고하이	**ろっぱい** 록빠이
いちばん 이치방	**にばん** 니방	**さんばん** 삼방	**よんばん** 욘방	**ごばん** 고방	**ろくばん** 로쿠방
いっかい 잇카이	**にかい** 니카이	**さんかい** 상카이	**よんかい** 용카이	**ごかい** 고카이	**ろっかい** 록카이
いっかい 잇카이	**にかい** 니카이	**さんがい** 상가이	**よんかい** 용카이	**ごかい** 고카이	**ろっかい** 록카이
ひとり 히토리	**ふたり** 후타리	**さんにん** 산닝	**よにん** 요닝	**ごにん** 고닝	**ろくにん** 로쿠닝
ひとつ 히토츠	**ふたつ** 후타츠	**みっつ** 밋츠	**よっつ** 욧츠	**いつつ** 이츠츠	**むっつ** 뭇츠

1~10까지 세는 말은 우리말처럼 일, 이, 삼… 이렇게 세는 기수와 하나, 둘, 셋… 이렇게 세는 서수가 있다.

7	8	9	10		
しち・なな 시치 나나	はち 하치	きゅう 큐-	じゅう 쥬-	기수	일, 이, 삼… 수를 세는 말.
ななこ 나나코	はっこ 핫코	きゅうこ 큐-코	じゅっこ 줏코	몇 개 何個 난코	사과, 과자, 짐 등 일반적으로 작은 물건을 세는 말.
ななまい 나나마이	はちまい 하치마이	きゅうまい 큐-마이	じゅうまい 쥬-마이	몇 장 何枚 난마이	옷, 표, 접시, 종이, 우표 등 얇고 납작한 것을 세는 말.
ななほん 나나홍	はっぽん 핫뽕	きゅうほん 큐-홍	じゅっぽん 줏뽕	몇 자루 何本 난봉	맥주병, 우산, 연필 등 가늘고 긴 것을 세는 말.
ななはい 나나하이	はっぱい 핫빠이	きゅうはい 큐-하이	じゅっぱい 줏빠이	몇 잔 何杯 난바이	잔에 들어 있는 음료를 세는 말.
ななばん 나나방	はちばん 하치방	きゅうばん 큐-방	じゅうばん 쥬-방	몇 번 何番 난방	지하철 출구, 줄 등 순서를 세는 말. 첫 번째, 두 번째…는 ~番目(방메:번째)를 쓴다.
ななかい 나나카이	はっかい 핫카이	きゅうかい 큐-카이	じゅっかい 줏카이	몇 회 何回 난카이	회수를 나타내는 말.
ななかい 나나카이	はっかい 핫카이	きゅうかい 큐-카이	じゅっかい 줏카이	몇 층 何階 난카이	층수를 나타내는 말.
ななにん 나나닝	はちにん 하치닝	きゅうにん 큐-닝	じゅうにん 쥬-닝	몇 사람 何人 난닝	사람을 세는 말.
ななつ 나나츠	やっつ 얏츠	ここのつ 코코노츠	とお 토오	서수	하나, 둘, 셋…과 같이 수를 세는 말. 메뉴 주문할 때 자주 사용.

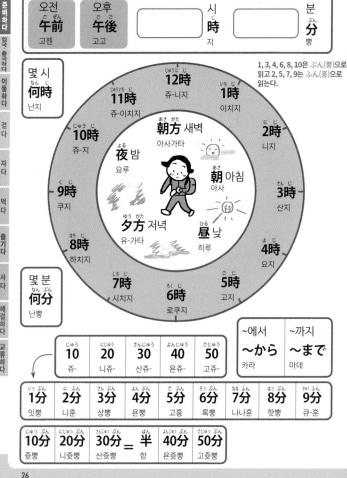

준비하다

일어・출근하다

이동하다

걷다

자다

먹다

즐기다

사다

해결하다

교류하다

| 오전
午前
ご ぜん
고젠 | 오후
午後
ご ご
고고 | | 시
時
じ
지 | | 분
分
ぶん
뿡 |

몇 시
何時
なん じ
난지

1, 3, 4, 6, 8, 10은 ぷん(뿡)으로 읽고 2, 5, 7, 9는 ふん(훙)으로 읽는다.

12時
じゅうに じ
쥬-니지

11時
じゅういち じ
쥬-이치지

10時
じゅう じ
쥬-지

9時
く じ
쿠지

8時
はち じ
하치지

7時
しち じ
시치지

6時
ろく じ
로쿠지

5時
ご じ
고지

4時
よ じ
요지

3時
さん じ
산지

2時
に じ
니지

1時
いち じ
이치지

朝方 새벽
あさ がた
아사가타

夜 밤
よる
요루

朝 아침
あさ
아사

夕方 저녁
ゆう がた
유-가타

昼 낮
ひる
히루

몇 분
何分
なん ぶん
난뿡

10 じゅう 쥬-	20 にじゅう 니쥬-	30 さんじゅう 산쥬-	40 よんじゅう 욘쥬-	50 ごじゅう 고쥬-

~에서
~から
카라

~까지
~まで
마데

| 1分
いっ ぷん
잇뿡 | 2分
に ふん
니훙 | 3分
さん ぷん
상뿡 | 4分
よん ぷん
욘뿡 | 5分
ご ふん
고훙 | 6分
ろっ ぷん
록뿡 | 7分
なな ふん
나나훙 | 8分
はっ ぷん
핫뿡 | 9分
きゅう ふん
큐-훙 |

| 10分
じゅっ ぷん
쥿뿡 | 20分
にじゅっ ぷん
니쥿뿡 | 30分 = 半
さんじゅっ ぷん
산쥿뿡
はん
항 | 40分
よんじゅっ ぷん
욘쥿뿡 | 50分
ごじゅっ ぷん
고쥿뿡 |

26

지금 몇 시예요?
今、何時ですか？
이마 난지데스카

→

~시 ~분	~분 전	~지남
~時~分	**~分前**	**~過ぎ**
지 ~뿡	뿡마에	스기

+

이에요(예요).
です。
데스

식사는
食事は
쇼쿠지와

+

몇 시에 할까요?
何時にしますか？
난지니 시마스카

목욕(온천)은
お風呂は
오후로와

몇 시가 좋으세요?
何時がいいですか。
난지가 이-데스카

만남은
待ち合わせは
마치아와세와

~시는 어떠세요?
~時は どうですか？
지와 도-데스카

집합은
集合は
슈-고-와

~시로 해요.
~時に しましょう。
지니 시마쇼-

출발은
出発は
슛빠츠와

~시간 후로 해요.
~時間後に しましょう。
지캉고니 시마쇼-

몇 시에 도착하나요?
到着は 何時ですか？
토-챠쿠와 난지데스카

→

~시예요.
~時です。
지데스

27

준비하다 | 일곱·출국하다 | 이동하다 | 걷다 | 자다 | 먹다 | 즐기다 | 사다 | 해결하다 | 교류하다

년	월	일
年 ねん	月 がつ	日 にち
넨	가츠	니치

연

せんきゅうひゃくななじゅう ねん 1970年	せんきゅうひゃくきゅうじゅう ねん 1990年	にせんはち ねん 2008年	にせんにじゅうご ねん 2025年
셍 큐-햐쿠 나나쥬-넨	셍 큐-햐쿠 큐-쥬-넨	니셍 하치 넨	니셍 니쥬-고 넨

요일

月 げつ	火 か	水 すい	木 もく	金 きん	土 ど	日 にち		曜日 ようび
게츠	카	스이	모쿠	킹	도	니치	+	요-비

土日 どにち	月水金 げつすいきん	火木 かもく	平日 へいじつ	週末 しゅうまつ	休日 きゅうじつ	祝日 しゅくじつ
도니치	겟스이킹	카모쿠	헤-지츠	슈-마츠	큐-지츠	슈쿠지츠

오늘 今日 きょう	내일 明日 あした	모레 明後日 あさって
쿄-	아시타	아삿테

음력 旧暦 きゅうれき	일본은 생일을 양력으로 지내므로 陰暦(いんれき:인레키:음력), 陽暦(ようれき:요-레키:양력)라는 말을 쓰지 않게 된 지 오래다. 음력이란 말을 굳이 쓴다면 旧暦라고 하면 된다.
큐-레키	

오늘은 몇 월 며칠이에요?
今日は 何月何日ですか？
きょう なんがつなんにち
쿄-와 난가츠 난니치데스카

월

いち がつ	に がつ	さん がつ	し がつ	ご がつ	ろく がつ
1月	**2月**	**3月**	**4月**	**5月**	**6月**
이치가츠	니가츠	상가츠	시가츠	고가츠	로쿠가츠

しち がつ	はち がつ	く がつ	じゅう がつ	じゅういちがつ	じゅうにがつ
7月	**8月**	**9月**	**10月**	**11月**	**12月**
시치가츠	하치가츠	쿠가츠	쥬- 가츠	쥬- 이치가츠	쥬- 니가츠

일

ついたち	ふつか	みっか	よっか	いつか	むいか
1日	**2日**	**3日**	**4日**	**5日**	**6日**
쯔이타치	후츠카	밋카	욧카	이츠카	무이카

なのか	ようか	ここのか	と おか	じゅういちにち	じゅうににち
7日	**8日**	**9日**	**10日**	**11日**	**12日**
나노카	요-카	코코노카	토-카	쥬- 이치니치	쥬- 니니치

じゅうさんにち	じゅうよっか	じゅうごにち	じゅうろくにち	じゅうしちにち	じゅうはちにち
13日	**14日**	**15日**	**16日**	**17日**	**18日**
쥬- 산니치	쥬- 욧카	쥬- 고니치	쥬- 로쿠니치	쥬- 시치니치	쥬- 하치니치

じゅうくにち	はつか	にじゅういちにち	にじゅうににち	にじゅうさんにち	にじゅうよっか
19日	**20日**	**21日**	**22日**	**23日**	**24日**
쥬- 쿠니치	하츠카	니쥬- 이치니치	니쥬- 니니치	니쥬- 산니치	니쥬- 욧카

にじゅうごにち	にじゅうろくにち	にじゅうしちにち	にじゅうはちにち	にじゅうくにち	さんじゅうにち
25日	**26日**	**27日**	**28日**	**29日**	**30日**
니쥬- 고니치	니쥬- 로쿠니치	니쥬- 시치니치	니쥬- 하치니치	니쥬- 쿠니치	산쥬- 니치

さんじゅういちにち					
31日					
산쥬- 이치니치					

준비하다
입국·출국하다
이동하다
걷다
자다
먹다
즐기다
사다
헤엄하다
교류하다

Trip2 입국 · 출국하다

入国 · 出国する
<ruby>入<rt>にゅう</rt></ruby><ruby>国<rt>こく</rt></ruby> · <ruby>出<rt>しゅっ</rt></ruby><ruby>国<rt>こく</rt></ruby>する
뉴·코쿠 숫 코쿠 스 루

01 공항 空港 <ruby>쿠</ruby>·<ruby>코</ruby>-

공항 이용

국제선 こく さい せん **国際線** 코쿠사이센	국내선 こく ない せん **国内線** 코쿠나이센	항공권 こう くう けん **航空券** 코-쿠-켄	티켓 **チケット** 치켓토

탑승 とう じょう **搭乗** 토-죠-	출발 しゅっ ぱつ **出発** 슛빠츠

입국 절차

일본 도착 に ほん とう ちゃく **日本到着** 니홍 토-챠쿠

입국 전에 VISIT JAPAN WEB시스템을 다운받아서 계정 등록 후 입국심사서, 신관신고서를 미리 작성해 놓는 것이 좋다.

→ | 입국 수속
にゅう こく て つづ
入国手続き
뉴-코쿠 테츠즈키 | 여권
パスポート
파스포-토 | 비자
ビザ
비자 | → | 지문 채취
し もん と
指紋取り
시몬 토리 |
|---|---|---|---|---|

→ | 얼굴 사진 촬영
かお じゃ しん さつ えい
顔写真撮影
카오쟈싱 사츠에- | 2007년 11월부터 검지 손가락 지문 인식과 얼굴사진을 찍게 되어 있다. | 입국 심사
にゅう こく しん さ
入国審査
뉴-코쿠 신사 | → | 수하물 센터
に もつ うけ とり じょ
荷物受取所
니모츠 우케토리죠 |
|---|---|---|---|---|

→ | 신고서 제출
しん こく しょ てい しゅつ
申告書提出
신코쿠쇼 테이슈츠 | → | 세관신고서 수속
ぜい かん て つづ
税関手続き
제이캉테츠즈키 | → | 입국
にゅう こく
入国
뉴-코쿠 | 출국
しゅっ こく
出国
슛코쿠 |
|---|---|---|---|---|---|

02 입국 심사 入国審査 뉴코쿠 신사

준비하다 | 일, 출국하다 | 이동하다 | 걷다 | 자다 | 먹다 | 즐기다 | 사다 | 해결하다 | 교류하다

| 다음!
次！
쓰기 | 여권을 보여 주시겠어요?
**パスポートを 見せて
いただけますか？**
파스포-토오 미세테 이타다케마스카 |

지문 인식

| 양손의
両手の
료-테노 | + | 검지를 (스크린 위에) 놓아 주세요.
人差し指を (スクリーンの上に) 置いてください。
히토사시유비오 (스쿠리-인노 우에니) 오이테 쿠다사이 |

얼굴 사진

| 카메라
カメラ
카메라 | 여기
ここ
코코 | + | 를 봐 주세요.
を見てください。
오 미테 쿠다사이 |

| 됐나요?
いいですか？
이-데스카 |

↓

| 네, 됐습니다.
はい、いいですよ。
하이 이-데스요 |

32

방문 목적

방문 목적은 무엇인가요?
訪問の 目的は 何ですか？
호-몬노 모쿠테키와 난데스카

→

관광	여행	투어
観光	**旅行**	**ツアー**
캉코-	료코-	쯔아-

+

↓

비즈니스	유학	워킹홀리데이
ビジネス	**留学**	**ワーキングホリデー**
비지네스	류-가쿠	와-킹구 호리데-

+

이에요.
です。
데스

친척 방문이에요.
親戚の 家を 訪問します。
신세키노 이에오 호-몬시마스

친구 만나러 왔어요.
友達に 会いに 来ました。
토모다치니 아이니 키마시타

체재 기간

어느 정도 머물 예정인가요?
どのくらい 滞在する 予定ですか？
도노쿠라이 타이자이스루 요테-데스카

↓

이틀	삼 일	사 일	오 일
2日	**3日**	**4日**	**5日**
후츠카	밋카	욧카	이츠카

+

이에요.
です。
데스

일주일	이 주일	한 달	일 년
1週間	**2週間**	**1ヶ月**	**1年**
잇슈-캉	니슈-캉	잇카게츠	이치넨

+

정도
くらい
쿠라이

+

이에요.
です。
데스

33

숙박지

숙박지는 어디인가요?
お泊りは どちらですか？
오토마리와 도치라데스카

→

~호텔
～ホテル
호테루

＋

이에요.
です。
데스

＋

친구 집	민박	친척 집	유스호스텔	게스트하우스
友達の家	**民泊**	**親戚の家**	**ユースホステル**	**ゲストハウス**
토모다치노 이에	민빠쿠	신세키노 이에	유-스 호스테루	게스토하우스

가방 찾기

짐은 어디서 찾아야 하나요?
荷物は どこで 受け取りますか？
니모츠와 도코데 우케토리마스카

→

저쪽이에요.
あちらです。
아치라데스

제 짐이 없어요.
私の 荷物が ありません。
와타시노 니모츠가 아리마셍

어떤 편으로 오셨어요?
どの 便で 来ましたか？
도노 빙데 키마시타카

저는 ~편으로 왔어요.
私は～便で 来ました。
와타시와 ~빙데 키마시타

34

제 것이에요.
私のです。
와타시노데스

이것은 제 것이 아니에요.
これは 私のでは ありません。
코레와 와타시노데와 아리마셍

카트는 어디에 있나요?
カートは どこですか？
카-토와 도코데스카

무료인가요?
無料ですか？
무료-데스카

신고할 물건

신고할 물건이 있나요?
申告するものは ありますか？
신코쿠스루모노와 아리마스카

→ 있어요.
あります。
아리마스

없어요.
ありません。
아리마셍

가방을 열어 주세요.
カバンを 開けて ください。
카방오 아케테 쿠다사이

100만 엔 넘는 현금을 가지고 계신가요?
１００万円 越える 現金を お持ちですか？
햐쿠만엥 코에루 겡킹오 오모치데스카

뭔가 금지되어 있는 물품을 가지고 계신가요?
何か 禁止されている 物品を お持ちですか？
나니카 킹시 사레테이루 붓삥오 오모치데스카

물건은 이게 전부인가요?
お荷物は これで 全部ですか？
오니모츠와 코레데 젬부데스카

→ 네, 그래요.
はい、そうです。
하이 소-데스

03 공항 체크인 카운터 질문

준비하다 | 입국·출국하다 | 이동하다 | 걷다 | 자다 | 먹다 | 즐기다 | 사다 | 해결하다 | 교류하다

짐 부칠 때

맡기실 물건은 이게 전부인가요?
お預けになる 荷物は これで 全部ですか？
오아즈케니 나루 니모츠와 코레데 젬부데스카

그것은 기내에 들고 가실 건가요?
それは 機内 持ち込みですか？
소레와 키나이 모치코미데스카

~킬로 초과예요.
〜キロオーバーです。
키로 오-바-데스

추가 요금
オーバーチャージ
오-바-챠-지

추가 요금
追加料金
쯔이카 료-킹

＋

은 5,000엔입니다.
は５０００円です。
와 고셍엔데스

수하물은 항공사나 좌석에 따라 차이가 나는데, 보통은 20kg, 저가는 15kg이다. 특히 저가 항공을 이용하는 경우 수하물 무게가 낮아 추가 요금을 내야 하는 경우가 생기므로 미리 확인하는 것이 좋다. 대개 가족끼리 가는 경우 1인당 계산이 아니라 인원 수를 합쳐서 총 몇 kg인지 계산한다.

언제 탑승하나요?
いつ 搭乗 できますか？
이츠 토-죠- 데키마스카

비행기를 놓쳤을 때

비행기 시간을 못 맞췄어요.
飛行機の 時間に 間に合わなかったんです。
히코-키노 지칸니 마니아와나캇탄데스

다음 비행기는 몇 시예요?
次の 便は 何時ですか？
쯔기노 빙와 난지데스카

비행기표를 잃어버렸을 때

티켓을 잃어버렸어요.
チケットを 無くして しまったんです。
치켓토오 나쿠시테 시맛탄데스

空港 チェックインカウンターでの 質問 _{쿠-코- 첵쿠인 카운타-데노 시츠몬}

공항 장소 질문

화장실 **トイレ** 토이레	탑승게이트 **搭乗ゲート** 토-죠- 게-토
면세점 **免税店** 멘제이텡	라운지 **ラウンジ** 라운지
안내소 **案内所** 안나이죠	환승카운터 **乗り継ぎカウンター** 노리츠기 카운타-

+

은/는 어디인가요?

は どこですか?

와 도코데스카

간단 장소 안내

저기 **あそこ** 아소코	바로 저기 **すぐそこ** 스구소코
2층 **2階** 니카이	이 맞은편 **この向かい** 코노 무카이

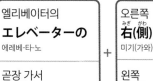

엘리베이터의 **エレベーターの** 에레베-타-노	오른쪽 **右(側)** 미기(가와)
곧장 가서 **まっすぐ 行って** 맛스구 잇테	왼쪽 **左(側)** 히다리(가와)

+

이에요.
です。
데스

환전

환전하고 싶은데요…
両替したいんですけど・・・
료-가에 시타인데스케도

엔으로 환전해 주세요.
円に両替してください。
엔니 료-가에 시테 쿠다사이

오늘 환율은 얼마예요?
今日の レートは?
쿄-노 레-토와

잔돈도 섞어 주세요.
小銭も 入れてください。
코제니모 이레테 쿠다사이

일국 출국하다 03 공항 체크인 카운터 질문

37

상품 찾기

| 술 お酒 (さけ) 오사케 | 담배 タバコ 타바코 | + | 은/는 어디서 팔고 있어요? **は どこで 売(う)っていますか?** 와 도코데 웃테 이마스카 |

| 초콜릿 **チョコレート** 쵸코레-토 | 가방 **カバン** 카방 | 지갑 **お財布** (さい ふ) 오사이후 | 토산품 **お土産** (みやげ) 오미야게 |

| 명함집 **名刺入れ** (めい し) 메-시 이레 | 키홀더 **キーホルダー** 키-호루다- | 핸드폰고리 **ストラップ** 스토랍푸 |

| 선글라스 **サングラス** 산구라스 | 벨트 **ベルト** 베루토 | 넥타이 **ネクタイ** 네쿠타이 | 스카프 **スカーフ** 스카-후 | 슈트 **スーツ** 스-츠 |

| 화장품 **化粧品** (け しょう ひん) 케쇼-힝 | 향수 **香水** (こう すい) 코-스이 | 립스틱 **リップ** 립푸 | 네일 **ネイル** 네이루 | 마스카라 **マスカラ** 마스카라 |

| 로션 **ローション** 로-숀 | 스킨 **美容液** (び よう えき) 비요-에키 | 샤넬 **CHANEL** 샤네루 | 에스티로더 **ESTEE LAUDER** (エスティーローダー) 에스티-로-다- |

| 랑콤 **LANCOME** (ランコム) 랑코무 | 루이비통 **LOUIS VUITTON** (ルイヴィトン) 루이뷔통 | 버버리 **BUREBERRY** (バーバリー) 바-바리- | 구찌 **GUCCI** (グッチ) 굿치 |

여권	티켓	달러	엔화
パスポート	**チケット**	**ドル**	**円・¥**
파스포-토	치켓토	도루	엔

면세점을 이용할 때는 여권 이외에 비행기 편 정보가 필요하다. 내국인 구매 한도는 2022년부터 폐지됐으며, 여행자 휴대품 면세 한도는 1인당 800\$이다.

계산

여권을 보여 주시겠어요?

パスポートを 見せて いただけますか?

파스포-토오 미세테 이타다케마스카

여기 있어요.

はい、これです。

하이 코레데스

→

계산은요?

お支払いは?

오시하라이와

여기에 사인을 해 주세요.

こちらに サイン お願いします。

코치라니 사인 오네가이시마스

←

카드로요.

カードで。

카-도데

현금으로요.

現金で。

겡킹데

술·담배 면세 한도

술은 몇 병까지 살 수 있나요?

お酒は 何本まで 買えますか?

오사케와 난봉마데 카에마스카

한 사람당 ~까지입니다.

一人当たり ~までです。

히토리 아타리 ~마데데스

(24쪽 조수사 참고)

담배는 몇 보루까지 살 수 있어요?

タバコは 何カートンまで 買えますか?

타바코와 난카-통마데 카에마스카

39

준비하다

입국·출국하다

이동하다

걷다

자다

먹다

즐기다

사다

해결하다

교류하다

자리

실례해요. / 저기요!
すみません。
스미마셍

옆자리를 통해서 이동해야 하는 경우가 생기면 すみません이라고 양해를 구하고 지나간다. 승무원을 부르고 싶을 때도 쓴다.

자리	오른쪽	왼쪽	창 측	통로 측
席	**右側**	**左側**	**窓側**	**通路側**
세키	미기가와	히다리가와	마도가와	쯔-로가와

(티켓을 보여 주면서) 이 자리는 어디예요?
この席は どこですか。
코노 세키와 도코데스카

이 자리는 제 자리 같은데요…
この席は 私の席みたいなんですけど・・・
코노 세키와 와타시노 세키미타이난데스케도

빈자리로 옮겨도 될까요?
空いてる席に 移動しても いいですか？
아이테루 세키니 이도-시테모 이-데스카

등받이가 안 젖혀져요.
背もたれが 倒れないんですけど。
세모타레가 타오레나인데스케도

에어컨

좀 추운데요…
ちょっと 寒いんですけど・・・
춋토 사무인데스케도

좀 더운데요…
ちょっと 暑いんですけど・・・
춋토 아츠인데스케도

뭔가 덮을 만한 거 있어요?
何か かけるもの、
ありますか？
나니카 카케루모노 아리마스카

온도 좀 높일 수 있을까요?
ちょっと 温度、上げられますか？
춋토 온도 아게라레마스카

온도 좀 낮출 수 있을까요?
ちょっと 温度、下げられますか？
춋토 온도 사게라레마스카

영화

영화가 보고 싶은데요…
映画が 見たいんですが・・・
에이가가 미타인데스가

화면이 안 나와요.
画面が 映りません。
가멘가 우츠리마셍

헤드폰 상태가 안 좋아요.
ヘッドホンの 調子が 悪いんです。
헷도혼노 쵸-시가 와루인데스

입국신고서 요청

입국신고서 주시겠어요?
入国申告書 もらえますか？
뉴-코쿠 신코쿠쇼 모라에마스카

불

불을 끄고 싶은데요…
**ライトを 消したいん
ですが・・・**
라이토오 케시타인데스가

안대가 필요한데요…
**目隠しが ほしいん
ですが・・・**
메카쿠시가 호시인데스가

안대는 **アイマスク**(아이마스쿠)라고도
한다.

몸이 불편할 때

멀미약 있어요?
酔い止めの 薬は ありますか？
요이도메노 쿠스리와 아리마스카

속이 좀 안 좋아요.
少し 気分が 悪いんです。
스코시 키붕가 와루인데스

좀 어지러운데요…
**ちょっと 目眩が するん
ですが・・・**
춋토 메마이가 스룬데스가

머리가 아픈데, 약 있어요?
頭が 痛いんですけど、薬 ありませんか？
아타마가 이타인데스케도 쿠스리 아리마셍카

41

준비하다
일북·출국하다
이동하다
걷다
자다
먹다
즐기다
사다
해결하다
교류하다

Trip3 이동하다 移動する
이 도 스 루

실례해요!
すみません！
스마마셍

~에 가고 싶은데요…
~に行きたいんですが・・・
니 이키타인데스가

어떻게 가면 될까요?
どうやって行けばいいですか？
도-얏테 이케바 이-데스카

교통수단

차
車
쿠루마

택시
タクシー
타쿠시-

버스
バス
바스

경찰차
パトカー
파토카-

소방차
消防車
쇼-보-샤

구급차
救急車
큐-큐-샤

지하철
地下鉄
치카테츠

전철
電車
덴샤

기차
汽車
키샤

열차
列車
렛샤

자전거
自転車
지텐샤

오토바이
オートバイ
오-토바이

교통 시설

인력거
人力車
진리키샤

역
駅
에키

버스정류장
バス亭
바스테이

육교
陸橋
릿쿄-

신호등
信号
싱고-

교차로
交差点
코-사텡

다리
橋
하시

횡단보도
横断歩道
오-단호도-

보도
歩道
호도-

차도
車道
샤도-

교통 표지판
標識
효-시키

43

02 표 구입 切符購入 킷뿌 코-뉴-

준비하다
일어·출국하다
이동하다
걷다
자다
먹다
즐기다
사다
해결하다
교류하다

공항·호텔

신주쿠 **新宿** 신쥬쿠	우에노 **上野** 우에노	우메다 **梅田** 우메다	도톤보리 **道頓堀** 도-톤보리

+

까지 가고 싶은데요…
**まで 行きたいん
ですが・・・**
마데 이키타인데스가

몇 호선을 타야 돼요?
何線に 乗れば いいですか？
나니센니 노레바 이-데스카

지하철 **地下鉄** 치카테츠	전철 **電車** 덴샤

+ ~의
の
노 + 역
駅
에키

↓

버스 **バス** 바스	택시 **タクシー** 타쿠시
스카이라이너 **スカイライナー** 스카이라이나-	
리무진버스 **リムジンバス** 리무진 바스	
모노레일 **モノレール** 모노레-루	

+ 승강장
乗り場
노리바 +

타는 위치

은 어디인가요?
は どこですか？
와 도코데스카

+

매표소 **切符売り場** 킷뿌 우리바
개찰구 **改札口** 카이사츠구치

표 구입

~까지 **～まで** 마데	+	어른 **大人** おとな 오토나	어린이 **子供** こ ども 코도모

+

1장 **1枚** いち まい 이치마이	2장 **2枚** に まい 니마이	3장 **3枚** さん まい 삼마이

+

주세요. **ください。** 쿠다사이	표를 끊을 때 한국과 달리 일본은 돈을 먼저 넣고 버튼을 누른다.

외국인인데요,
外国人ですが、
がい こく じん
가이코쿠진데스가

좀 부탁해도 될까요?
ちょっと お願いしても いいですか?
ねが
춋토 오네가이시테모 이-데스카

~에 가고 싶어요.
～に 行きたいんです。
い
니 이키타인데스

어디? **どこ?** 도코	몇 사람? **何人?** なん にん 난닝
	몇 장? **何枚?** なん まい 난마이

실례지만 환불은 가능한가요?
すみません、払い戻しは できますか?
はら もど
스미마셍 하라이모도시와 데키마스카

표 자동판매기

요금 **料金** りょう きん 료-킹	요금 버튼 **料金ボタン** りょう きん 료-킹 보탄	동전 **硬貨** こう か 코-카	지폐 **紙幣** し へい 시헤이	잔돈 **おつり** 오츠리
표 판매기 **券売機** けん ばい き 켄바이키	표 **切符** きっ ぷ 킷뿌	호출 버튼 **呼び出しボタン** よ だ 요비다시 보탄		취소 버튼 **取り消しボタン** と け 토리케시 보탄

45

도쿄 지하철 노선표

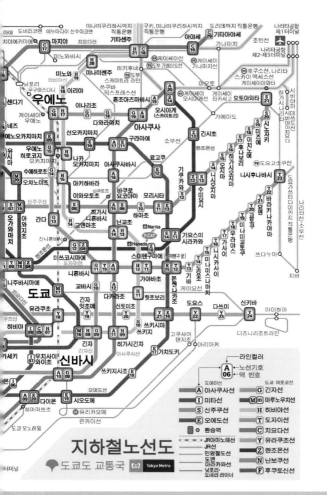

지하철노선도

🔷 도쿄도 교통국 Tokyo Metro

오사카 지하철 노선표

지하철 뉴트럼 노선안내

범례

Ⓜ	미도스지선
Ⓣ	다니마치선
Ⓨ	요츠바시선
Ⓒ	추오선
Ⓢ	센니치마에선
Ⓚ	사카이스지선
Ⓝ	나가호리 츠루미료쿠치선
Ⓘ	이마자토스지선
Ⓟ	난코포트타운선
	상호 직통 구간
	사철선

라인 컬러

M16 역 번호
노선 기호

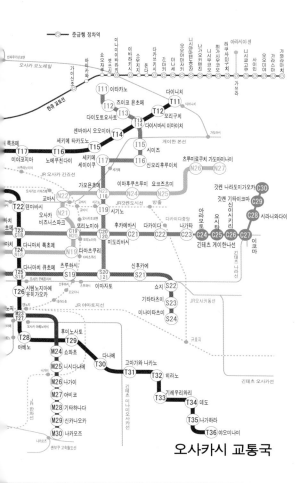

준급행 정차역

인바쿠기넨코엔
오사카 모노레일

가미신조

한큐 교토선

인바쿠기넨코엔
아이카와
쇼자쿠
미나미비비이
이바라키
스이타
다카사키
긴기
미나세
니시아마텐오전지
나가오카텐지
히시사루코
라쿠사이 센
가라스마

가사라

111 이타카노
112 즈이코 욘초메
113 모리구치
T12 모리구치
T11

다이니치

T17 록초메
T16 세키메 타카도노
T15 센바야시 오오미야
T14 다이도토요사토
113 다이샤바시 이마이치
115 시미즈
116 신모리후루이치
117 세키메 세이이쿠
미야코지마
노에우치다이

게이한 본선
츠루미로쿠치 가도미미나미
N26
N27

가모온초메
N22
J18 이마후쿠츠루미
N24 요코즈츠미
N25

갓켄 나라도미가오카 C30
갓켄 기타이코마 C29

T22 덴마바시
오사카
비즈니스파크
C19 모리노미야
C20 다카에바시
C21 다카이다중앙
N26
나가타
N23

JR간조선

JR간사이도시선
방쿠

C28 시라니와다이

C24 아라모토
C25 오사카시키리
C26 이코마
C27

T23
C18
다니마치 록초메
C19 모리노미야
C20 미도리바시
C21 다카이다
C22
C23

킨테츠 게이한나선

T24
N18
다니마치 큐초메
N19 다마츠쿠리

신후카에

T25
S18
다니마치 큐초메
S19 츠루하시
S20 이마자토
121
쇼지 S22

T26 텐노지마에유히가오카
기타타츠미 S23

미나미타츠미 S24

JR오사카동선

규호지

노지
T27
T28
후미노사토
T29

JR 야마토지선

M24 쇼와초

다나베
M25 니시타나베

T30
고마가와 나카노

M26 나가이
T31
T32 히라노

M27 아비코
기레우리와리

M28 기타하나다
T33
T34 데도

M29 신카나오카
T35 나가하라

M34 나카모즈
T36 야오미나미

센보쿠 고속철도선

오사카시 교통국

준비하다

일본 출발하다

이동하다

걷다

자다

먹다

즐기다

사다

해결하다

교류하다

지도 있어요?
地図(マップ)ありますか？
치즈(맛뿌) 아리마스카

도쿄 모노레일
東京モノレール
토-쿄-모노레-루

유리카모메
ゆりかもめ
유리카모메

도쿄 주요 노선

JR선
ＪＲ線
제이아-루센 ━━━

도영 지하철
都営地下鉄
토에-치카테츠

도쿄 메트로
東京メトロ
쿄-쿄 메토로

> 일본 철도는 국철 JR과 사철(してつ:시테츠)가 있다.
> 도쿄의 山手線(やまのてせん:야마노테센)은 서울 지하철 2호선처럼 시내를 순환하는 순환선이다.

야마노테센
山手線
야마노테센 ▪━━▪

마루노우치선
丸の内線
마루노우치센 Ⓜ

긴자선
銀座線
긴자센 Ⓖ

치요다선
千代田線
치요다센 Ⓒ

유라쿠초선
有楽町線
유-라쿠쵸-센 Ⓨ

도자이선
東西線
토-자이센 Ⓣ

도에이 신주쿠선
都営新宿線
토에- 신주쿠센 Ⓢ

도에이 오에도선
都営大江戸線
토에- 오-에도센 Ⓔ

오사카 주요 노선

지하철
地下鉄
치카테츠

미도스지선
御堂筋線
미도-스지센 Ⓜ

다니마치선
谷町線
타니마치센 Ⓣ

요츠바시선
四つ橋線
요츠바시센 Ⓨ

추오선
中央線
츄-오-센 Ⓒ

센니치마에선
千日前線
센니치마에센 Ⓢ

사카이스지선
堺筋線
사카이스지센 Ⓚ

나가호리 쓰루미 료쿠치선
長堀鶴見緑地線
나가호리 쯔루미 료쿠치센 Ⓝ

이마자토스지선
今里筋線
이마자토스지센 Ⓘ

뉴트램 난코포트타운선
ニュートラム南港ポートタウン線
뉴-토라무 난코- 포-토타운센 Ⓟ

JR선
ＪＲ線
제이아-루센 ━━━

지하철 이용

첫차 **始発** 시하츠	막차 **終電** 슈-덴	~행 **~行き** 유키	다음 **次** 쯔기	다음 역 **次の駅** 쯔기노 에키

무슨 역 **何駅** 나니에키	갈아타다 **乗り換える** 노리카에루	지나치다 **乗り過ごす** 노리스고스	잘못 타다 **乗り間違える** 노리마치가에루

타기 전 확인

~역에 서나요? **~駅に止まりますか？** 에키니 토마리마스카	이 전철은 ~행인가요? **この電車は~行きですか？** 코노 덴샤와 ~유키데스카

안내 방송

곧 전철이 들어옵니다. **まもなく電車が参ります。** 마모나쿠 덴샤가 마이리마스	백색 선 안쪽으로 물러나세요. **白線の内側までお下がりください。** 하쿠센노 우치가와마데 오사가리 쿠다사이

문이 닫힙니다. **ドアが閉まります。** 도아가 시마리마스	다음은 ~입니다. **次は~です。** 쯔기와 ~데스

~행입니다. **~行きです。** 유키데스	갈아타실 분은 이번 역에서 내려 주세요. **お乗り換えのお客様はこちらの駅でお降りください。** 오노리카에노 오캬쿠사마와 코치라노 에키데 오오리 쿠다사이

준비하다

일국·출국하다

이동하다

걷다

자다

먹다

즐기다

사다

해결하다

교류하다

차내

~은 아직인가요?
~は まだですか？
와 마다데스카

→

다음이에요.
次です。
쯔기데스

여기예요.
ここです。
코코데스

여기는 무슨 역인가요?
ここは 何駅ですか？
코코와 나니에키데스카

두 번째 역이에요.
二つ目の 駅です。
후타츠메노 에키데스

다음 역은 어디인가요?
次は 何駅ですか？
쯔기와 나니에키데스카

이미 지났어요.
もう 過ぎました。
모- 스기마시타

어디에서 타셨어요?
どこで 乗りましたか？
도코데 노리마시타카

~역이에요.
~駅です。
에키데스

지나쳤을 때

지나쳤어요.
乗り過ごして しまいました。
노리스고시테 시마이마시타

잘못 탔어요.
乗り間違えました。
노리마치가에마시타

반대 방향으로 갈아타려면 어디로 가면 되나요?
反対の 方向に 乗り換えるには、どこに 行けば いいですか？
항타이노 호-코-니 노리카에루니와 도코니 이케바 이-데스카

04 택시 タクシー 타쿠시-

택시 이용

어디까지 가시나요?
どちらまで 行かれますか？
도치라마데 이카레마스카

짐을 트렁크에 넣을까요?
お荷物は トランクに 入れましょうか？
오니모츠와 토랑쿠니 이레마쇼-카

자동문	일본 택시는 자동문이라 승객이 여닫을 필요가 없다.	미터	트렁크	정체	우회
自動ドア		メーター	トランク	渋滞	迂回
지도-도아		메-타-	토랑쿠	쥬-타이	우카이

목적지

~까지
~まで
마데

서둘러
急いで
이소이데

+

부탁합니다.
お願いします。
오네가이시마스

택시를 세울 때

여기서 세워 주세요.
ここで 止めて ください。
코코데 토메테 쿠다사이

호텔
ホテル
호테루

신호
信号
싱고-

횡단보도
横断歩道
오-단호도-

+

앞에서
の 前で
노 마에데

바로 앞에서
の 手前で
노 테마에데

을 지나고 나서
を 過ぎた ところで
오 스기타 토코로데

+

세워 주세요.
止めて ください。
토메테 쿠다사이

얼마인가요?
**いくら
ですか？**
이쿠라데스카
(돈은 22쪽 참고)

53

05 버스 バス 바스

준비하다

입국·출국하다

이동하다

걷다

자다

먹다

즐기다

사다

해결하다

교류하다

버스 이용

~에 가고 싶은데요…
~に行きたいんですが・・・
니 이키타인데스가

버스 정류장은 어디인가요?
バス乗り場は どこですか？
바스 노리바와 도코데스카

~에는 가요?
~には 行きますか？
니와 이키마스카

버스 시간표 읽는 법

경유지
経由地
케이유치

경과지 방면
経過地 方面
케이카치 호-멘

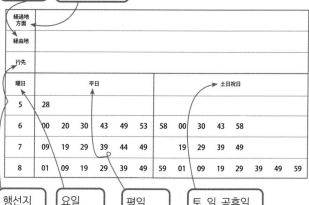

経過地 方面														
経由地														
行先														
曜日			平日						土日祝日					
5	28													
6	00	20	30	43	49	53	58	00	30	43	58			
7	09	19	29	39	44	49		19	29	39	49			
8	01	09	19	29	49	59	01	09	19	29	39	49	59	

행선지
行先
유키사키

요일
曜日
요-비

평일
平日
헤이지츠

토, 일, 공휴일
土日祝日
도니치 슈쿠치츠

요금표 있는 버스 타는 방법

지역별 차이는 있지만, 일본의 버스는 앞문으로 타는 방식과 뒷문으로 타는 방식이 있다. 문제는 뒷문으로 타는 경우인데 이때는 整理券(せいりけん:세이리켄:정리권)이라는 번호가 적힌 표를 뽑아서 탄 후, 내릴 정류장 이름이 표시되면 번호표와 버스 앞쪽 전광판에서 정리권의 번호에 맞는 요금을 확인한 후 運賃箱(うんちんばこ:운친바코:요금함)에 요금을 내고 내린다.

① 버스 앞문과 뒷문 쪽에 ~行き(유키:행) 라고 적힌 글씨를 보고 자신의 행선지로 가는 버스가 맞는지 확인한다.

~행 (방면)
~行き
<ruby>行<rt>ゆ</rt></ruby>
유키

② 뒤쪽에서 버스를 탄다.

③ 나이스패스를 가지고 있는 경우는 교통카드처럼 대면 되고, 돈이나 ETカード(ET카드)를 가지고 있는 경우는 整理券(せいりけん:세이리켄:정리권)을 뽑는다.

(방송) 정리권을 뽑으세요!
整理券をお取りください。
세이리켄오 오토리 쿠다사이

정리권
整理券
세이리켄

④ 전광판에 하차 정류장이 표시되면 버스 앞쪽 요금표를 보고 자신이 뽑은 번호에 맞춰 구간 금액을 확인하고 내릴 때 요금을 낸다.

다음은~
次は~
<ruby>次<rt>つぎ</rt></ruby>
쯔기와~

나이스패스
ナイスパス
나이스 파스

버스 안

Suica와 Pasmo는 우리나라의 티머니에 해당하는 IC교통카드이다.

기사님! **運転手さん！** 운텐슈상	파스모 **Pasmo** 파스모	스이카 **Suica** 스이카

선불 **前払い** 마에 바라이	후불 **後払い** 아토 바라이	손잡이 **つり革** 쯔리카와	버튼을 누르다 **ボタンを 押す** 보탄오 오스

동전교환 **小銭両替** 코제니 료-가에	정리권 **整理券** 세이리켄	카드리더 **カードリーダー** 카-도리-다-	요금함 **運賃箱** 운친바코	교환기 **両替機** 료-가에키

내릴 때

~에 가고 싶은데 어디에서 내리면 되나요?

〜に行きたいんですが、どこで降りたらいいですか？

니 이키타인데스가 도코데 오리타라 이-데스카

여기서 내릴게요.

ここで降ります。

코코데 오리마스

세워 주세요.

止めてください。

토메테 쿠다사이

내려 주세요.

降ろしてください。

오로시테 쿠다사이

요금

일률적으로 ~엔이에요.

一律〜円です。

이치리츠 ~엔데스

요금표에서 확인해 주세요.

料金表で確認してください。

료-킨효-데 카쿠닝시테 쿠다사이

56

06 열차 列車 렛샤

열차 종류

JR선	사철
JR線	**私鉄**
제이아-루센	시테츠

↓

신간선	신간선 이외의 선
新幹線	**在来線**
신칸센	자이라이센

↓

노조미	특급	급행
のぞみ	**特急**	**急行**
노조미	톳큐-	큐-코-

히카리	보통
ひかり	**普通**
히카리	후츠-

고다마	
こだま	
코다마	

のぞみ, ひかり, こだま는 도쿄-하카타간을 운행하는 신간선의 애칭이며, 이 애칭은 다른 지역에서는 이름이 달라진다.

운행 회사마다 이름의 차이는 있지만, 普通(ふつう:후츠-:보통) = 各駅停車(かくえきていしゃ:카쿠에키테-샤:각역정차)가 모든 역에서 정차하는 가장 느린 열차이다. 그밖에 急(きゅう:큐-:급)나 快(かい:카이:쾌)가 적혀 있으면 정차하는 역 수가 적어지면서 빠른 열차이다.

빠른 新幹線(しんかんせん:신칸센:신간선)을 이용할 때는 乗車券(じょうしゃけん:죠-샤-켄:승차권)과 特急券(とっきゅうけん:톳큐-켄:특급권) 이렇게 2개의 표를 받는다. 처음에 승차권을 내고 들어간 후 新幹線으로 갈 아탈 때는 特急券을 보여 준다.

표

승차권	특급권	편도
乗車券	**特急券**	**片道**
죠-샤켄	톳큐-켄	카타미치

왕복	~호차	좌석번호
往復	**~号車**	**座席番号**
오-후쿠	고-샤	자세키 방고-

특별석	지정석	자유석
グリーン席	**指定席**	**自由席**
구리-인세키	시테-세키	지유-세키

몇 번 승강장	
何番 乗り場	
난방 노리바	

몇 번 홈	+ 인가요?
何番ホーム	**ですか？**
난방 호-무	데스카

표를 끊을 때

가장 빠른 열차가 몇 시예요?	얼마나 걸려요?
いちばん 早い 列車は 何時ですか？	**どのぐらい かかりますか？**
이치방 하야이 렛샤와 난지데스카	도노구라이 카카리마스카

준비하다

입국·출국하다

이동하다

걷다

자다

먹다

즐기다

사다

해결하다

교류하다

표 확인

승차권을 확인하겠습니다!
乗車券を 確認いたします！
죠-샤켄오 카쿠닝 이타시마스

승차권을 보겠습니다!
乗車券を 拝見いたします！
죠-샤켄오 하이켄 이타시마스

차장님!
車掌さん！
샤쇼-상

도착 시간

~분 후에 도착합니다.
後~分で 着きます。
아토 ~뿐데 쯔키마스

~분 걸립니다.
~分かかります。
뿡 카카리마스

~시 ~분, 도착 예정이에요.
~時~分、到着予定です。
지 ~뿡 토-챠쿠 요테-데스

지정석에 잘못 앉았을 때

여기는 지정석입니다. 자유석으로 이동해 주세요.
ここは 指定席です。自由席に 移動して ください。
코코와 시테-세키데스   지유-세키니 이도-시테 쿠다사이

지정석 특급 요금을 내면 앉을 수 있습니다.
指定席の 特急料金を 払えば 座れます。
시테-세키노 톳큐-료-킹오 하라에바 스와레마스

승차권을 가지고 있지 않을 때

승차권과 특급권, 2장이 필요한데요…
特急券と 乗車券 2枚 必要なんですが・・・
톳큐-켄토 죠-샤켄 니마이 히츠요-난데스가

특급권은 가지고 있지 않나요?
特急券は お持ちじゃ ありませんか？
톳큐-켄와 오모치쟈 아리마셍카

잃어버렸어요. **無くしました。** 나쿠시마시타	어떻게 하면 되나요? **どうしたら いいですか？** 도-시타라 이-데스카
그게 뭐예요? **それは 何ですか？** 소레와 난데스카	아, 몰랐어요. **あ、知りませんでした。** 아 시리마셍데시타

객차간 연결 통로

객차간 연결 통로
デッキ
덱키

휴대전화를 이용할 때는 객차간 연결 통로에서
부탁드립니다.
携帯電話を ご利用(おかけ)の 際は
デッキで お願いいたします。
케-타이 뎅와오 고리요-(오카케)노 사이와 덱키데 오네가이 이타시마스

열차 내 판매

여기요!
すみません！
스미마셍

+

이거 **これ** 코레	도시락 **お弁当** 오벤토-	커피 **コーヒー** 코-히-

+ 주세요.
ください。
쿠다사이

역 도시락
駅弁
에키벤

어떤 도시락이 있어요?
どんな お弁当が ありますか？
돈나 오벤토-가 아리마스카

59

Trip4 걷다 歩く
<small>ある</small>
아루 쿠

01 위치 位置 이치

지시

이	그	저	어느
この〜	**その〜**	**あの〜**	**どの〜**
코노	소노	아노	도노

장소 지시

여기	거기	저기	어디
ここ	**そこ**	**あそこ**	**どこ**
코코	소코	아소코	도코

방향 지시

이쪽	그쪽	저쪽	어느 쪽	
こっち	**そっち**	**あっち**	**どっち**	
콧치	솟치	앗치	돗치	
こちら	**そちら**	**あちら**	**どちら**	정중
코치라	소치라	아치라	도치라	

	북 きた 北 키타	
서 にし 西 니시	방위	동 ひがし 東 히가시
	남 みなみ 南 미나미	

출입구

입구 いりぐち **入口** 이리구치		출구 でぐち **出口** 데구치		
북쪽 출구 きたぐち **北口** 키타 구치	중앙 출구 ちゅうおうぐち **中央口** 츄-오- 구치	서쪽 출구 にしぐち **西口** 니시 구치	남쪽 출구 みなみぐち **南口** 미나미 구치	동쪽 출구 ひがしぐち **東口** 히가시 구치

02 길 찾기 道探し 미[치] 사가시

준비하다
딱 출발하다
이동하다
걷다
자다
먹다
즐기다
사다
해결하다
교류하다

장소 질문

실례합니다.
すみません。
스미마셍

말씀 좀 물을게요.
ちょっと 聞いて いいですか?
촛토 키이테 이-데스카

~에 가고 싶은데요…
〜に 行きたいんですが・・・
니 이키타인데스가

은/는 어디예요?
は どこですか?
와 도코데스카

에는 어떻게 가야 해요?
には どうやって 行きますか?
니와 도-얏테 이키마스카

+

파출소 交番 코-방	편의점 コンビニ 콤비니 	역 駅 에키
가장 가까운 역 最寄の駅 모요리노 에키	병원 病院 뵤-잉	

드러그스토어 ドラッグストア 도락구 스토아	슈퍼 スーパー 스-파	약방·약국 薬屋·薬局 쿠스리야 약쿄쿠
찻집(다방) 喫茶店 킷사텡 대부분 개인이 운영하며, 간단한 식사가 가능.	카페 カフェ 카훼	식당 食堂 쇼쿠도- 스타벅스, 엔젤리너스 등과 같은 체인점.

레스토랑 レストラン 레스토랑	PC방 ネットカフェ 넷토 카훼	우체국 郵便局 유-빙쿄쿠	은행 銀行 깅코-	백화점 デパート 데파-토

03 길 안내 道案內 미치 안나이

~의 앞 **〜の前** 노 마에 	~의 뒤 **〜の後ろ** 노 우시로	~의 왼쪽 **〜の左** 노 히다리	~의 오른쪽 **〜の右** 노 미기	~의 옆 **〜の隣** 노 토나리

~의 안 **〜の中** 노 나카	~의 안쪽, 뒤쪽 **〜の裏(側)** 노 우라(가와)	~의 옆 **〜の横** 노 요코

~와 ~사이 **〜と〜の間** 토 ~노 아이다 	~의 바로 맞은편 **〜の向かい(側)** 노 무카이(가와)	~의 사선으로 맞은편 **〜の斜め向かい** 노 나나메무카이

이 길의 막다른 길
この道の突き当たり
코노 미치노 쯔키아타리

~의 바로 앞
〜の手前
노 테마에

~의 저쪽, 뒤편
〜の向こう(側)
노 무코-(가와)

+

이에요(예요). **です。** 데스	에 있어요. **にあります。** 니 아리마스

+

저쪽의~ **向こうの〜** 무코-노	**+**	건물 **建物** 타테모노	쪽 **方** 호-

준비하다
일과·출퇴하다
이동하다
걷다
자다
먹다
즐기다
사다
해결하다
교류하다

강을 따라서 가다
川に 沿って 行く
카와니 솟테 이쿠

횡단보도를 건너다
横断歩道を 渡る
오-단호도-오 와타루

길을 건너다
道を 渡る
미치오 와타루

큰길이 나오다
大通りに 出る
오-도-리니 데루

언덕길을 올라가다
坂を 上る
사카오 노보루

언덕길을 내려가다
坂を 下る
사카오 쿠다루

곧장 가다
まっすぐ 行く
맛스구 이쿠

곧장 가다 왼쪽
まっすぐ 行って 左
맛스구 잇테 히다리

길을 지나서 곧장 가다
道を 超えて まっすぐ 行く
미치오 코에테 맛스구 이쿠

곧장 가다 오른쪽
まっすぐ 行って 右
맛스구 잇테 미기

되돌아가다
戻る
모도루

왼쪽으로 꺾으세요.
左に 曲がって ください。
히다리니 마갓테 쿠다사이

온 길을 되돌아가다
来た道を 戻る
키타 미치오 모도루

오른쪽으로 꺾으세요.
右に 曲がって ください。
미기니 마갓테 쿠다사이

주변 **辺り** 아타리	이 주변에 ~는 있나요? **この辺り(辺)に〜はありますか?** 코노 아타리(헨)니 ~와 아리마스카

걷다

03
길 안내

이 **この** 코노			를 지나서 가면 **を過ぎて行くと** 오 스기테이쿠토
그 **その** 소노		길 **道** 미치	를 꺾어서 가면 **を曲がって行くと** 오 마갓테이쿠토
저 **あの** 아노	+	모퉁이 **角** 카도	+

+ | 교차로
交差点
코-사텐 | 신호(등)
信号
싱고- | 있어요.
あります。
아리마스 |

어느 **どの** 도노	첫 번째 교차로 **一つ目の交差点** 히토츠메노 코-사텐	보일 거예요. **見えます。** 미에마스
	두 번째 교차로 **二つ目の交差点** 후타츠메노 코-사텐	큰길이 나와요. **大きな道に出ます。** 오-키나 미치니 데마스

건물 **建物** 타테모노	저쪽에 백화점이 보이죠? 그 옆 건물이에요. **あそこにデパートが見えるでしょう? その隣の建物です。** 아소코니 데파-토가 미에루데쇼- 소노 토나리노 타테모노데스

65

소요 시간

여기서부터	걸어서 갈 수 있어요?	네. 갈 수 있어요.
ここから	歩いて 行けますか？	ええ、行けます。
코코카라	아루이테 이케마스카	에- 이케마스

+

걸어서	신간선으로
歩いて	新幹線で
아루이테	신칸센데

지하철로	버스로
地下鉄で	バスで
치카테츠데	바스데

바로 거기예요.
すぐ そこです。
스구 소코데스

멀어요.	가까워요.
遠いです。	近いです。
토-이데스	치카이데스

+

어느 정도 걸리나요?
どのぐらい かかりますか？
도노구라이 카카리마스카

걸어서 못 가요.
歩いては 行けません。
아루이테와 이케마셍

그건 무리예요.
それは むりです。
소레와 무리데스

5분 정도 걸려요.
5分 くらいです。
고훙쿠라이데스

택시로 가는 것이 좋아요.
タクシーで 行った ほうが いいです。
타쿠시-데 잇타 호-가 이-데스

아, 그래요. 알겠습니다.
**あ～、そうですか。
わかりました。**
아 소-데스카 와카리마시타

고마워요.
ありがとうございます。
아리가토-고자이마스

준비하다 입국·출국하다 이동하다 **걷다** 자다 먹다 즐기다 사다 해결하다 교류하다

66

05 길을 잃었을 때 道に迷った時 미치니 마욧타 토키

길을 잃었을 때

길을 잃어버렸어요.
道に迷いました。
미치니 마요이마시타

일행을 놓쳐 버렸어요.
連れとはぐれてしまいました。
쯔레토 하구레테 시마이마시타

여기에 전화해 주실 수 있으세요?
ここに電話してもらえますか？
코코니 뎅와시테 모라에마스카

길 안내하는 사람도 모를 때

미안해요, 잘 모르겠어요.
すみません、よく分かりません。
스미마셍 요쿠 와카리마셍

미안해요, 저, 여기 사람이 아니라서요…
すみません、私、ここの人じゃないので・・・
스미마셍 와타시 코코노 히토쟈나이노데

파출소에 물어보세요.
交番で聞いてください。
코-방데 키이테 쿠다사이

걷다

04 소요 시간 묻기

05 길을 잃었을 때

같이 가 준다고 권할 때

저도 그쪽에 가니까
私もそっちに行くので
와타시모 솟치니 이쿠노데

＋

도중까지 같이 가요.
途中まで 一緒に 行きましょう。
토츄-마데 잇쇼니 이키마쇼-

저를 따라오세요.
私について来てください。
와타시니 쯔이테 키테 쿠다사이

지도

지도	맵
地図	**マップ**
치즈	맛푸

지도를 그려 주시겠어요?
地図を描いてもらえますか？
치즈오 카이테 모라에마스카

준비하다
입국·출국하다
이동하다
걷다
자다
먹다
즐기다
사다
해결하다
교류하다

Trip5 **자다** 寝る
ねる

한국에서 온 ~예요.
韓国から来た~です。
かんこく
캉코쿠카라 키타 ~데스

료칸
旅館
료칸

호텔
ホテル
호테루

비즈니스호텔
ビジネスホテル
비지네스 호테루

우리나라의 여관과는 다른 개념으로 일본의 전통적인 숙박 시설이다.
저녁 식사 때는 일본식 가이세키 요리를 즐길 수 있다.

민숙
民宿
민슈쿠

료칸보다 가격이 저렴하고 음식 맛도 좋아 서민적인 느낌의 료칸이라고 보면 된다.

자 다

01

숙
박

시
설

유스호스텔
ユースホステル
유-스 호스테루

숙소 (머물 곳)
宿 · 宿所
야도   슈쿠쇼

宿(야도)는 머물 곳이나 묵을 곳이라는 뜻으로 쓴다. 보통 소규모의 여관을 말하는 경우가 많다.
宿所(슈쿠쇼)는 숙박하는 시설, 즉 장소를 말한다.

게스트하우스
ゲストハウス
게스토 하우스

캡슐호텔
カプセルホテル
카푸세루 호테루

민박
民泊
민빠쿠

원래는 일반 가정집의 빈방을 대여해 주는 것을 말했는데, 요즘은 빈집을 빌려주는 게스트하우스 개념으로 바뀌고 있다.

02 체크인 チェックイン 쳇쿠인

체크인 할 때

체크인	체크아웃	싱글
チェックイン	**チェックアウト**	**シングルルーム**
쳇쿠인	쳇쿠아우토	싱구루 루-무

트윈	트리플
ツインルーム	**トリプルルーム**
쯔인 루-무	토리푸루 루-무

방 번호	열쇠	예약
部屋番号	**鍵**	**予約**
헤야방고-	카기	요야쿠

식사 포함	조식	석식	~층
食事付き	**朝食**	**夕食**	**〜階**
쇼쿠지 쯔키	쵸-쇼쿠	유-쇼쿠	카이

예약한 경우

체크인 하고 싶은데요…	→	예약하셨어요?	→	네.
チェックインしたいんですが・・・		**予約はされていますか？**		**はい。**
쳇쿠인 시타인데스가		요야쿠와 사레테 이마스카		하이

↓

~으로 예약했어요.
〜で予約しました。
데 요야쿠 시마시타

확인하겠습니다. ~님, 더블룸, 1박이시죠.
確認いたします。～様、ダブル
ルーム、ご一泊ですね。
카쿠닝 이타시마스 ~사마 다부루 루-무 고잇빠쿠데스네

계산은 어떻게 하시겠어요?
→ **お支払いは どうなさいますか？**
오시하라이와 도-나사이마스카

카드로.
→ **カードで。**
카-도데

~호실입니다.
→ **～号室に なります。**
고-시츠니 나리마스

여기
→ **こちらが**
코치라가

+

룸키
ルームキー
루-무키-

카드키
カードキー
카-도키-

방 카드
部屋のカード
헤야노 카도

+

입니다.
です。
데스

체크아웃은 몇 시에 하나요?
→ **チェックアウトは 何時ですか？**
첵쿠아우토와 난지데스카

준비하다
묵·숙박하다
이동하다
걷다
자다
먹다
즐기다
사다
해결하다
교류하다

예약을 안 한 경우

숙박하고 싶은데, 방 있어요?
泊まりたいんですが、お部屋ありますか？
토마리타인데스가 오헤야 아리마스카

몇 분이세요?
何名様ですか？
난메-사마데스카

~이에요.
～です。
데스

(24쪽 조수사 참고)

그럼 여기에 이름과 주소를 써 주세요.
では、こちらに お名前と ご住所を お書きください。
데와 코치라니 오나마에토 고쥬-쇼오 오카키 쿠다사이

어떤 방이 좋으세요?
どのような お部屋が よろしいですか？
도노요-나 오헤야가 요로시-데스카

만실

죄송합니다.
申し訳ございません。
모-시와케 고자이마셍

오늘은 만실입니다.
本日は 満室で ございます。
혼지츠와 만시츠데 고자이마스

싱글
シングルルーム
싱구루 루-무

트윈
ツインルーム
쯔인 루-무

트리플
トリプルルーム
토리푸루 루-무

+

로 부탁드려요.
でお願いします。
데 오네가이시마스

↓

몇 박인가요?
何泊ですか？
난빠쿠데스카

→

1박	2박
一泊	**二泊**
잇빠쿠	니하쿠
3박	4박
三泊	**四泊**
삼빠쿠	용빠쿠

+

이에요.
です。
데스

트윈으로 하시겠어요? 더블로 하시겠어요?
ツインにしますか？ダブルにしますか？
쯔인니 시마스카 다부루니 시마스카

더블로.
ダブルで。
다부루데

트윈으로.
ツインで。
쯔인데

다다미방과 침대방 선택

다다미방이 좋으세요? 침대방이 좋으세요?
和室がよろしいですか？
와시츠가 요로시-데스카
洋室がよろしいですか？
요-시츠가 요로시-데스카

→

다다미방이 좋아요.
和室がいいです。
와시츠가 이-데스

침대방이 좋아요.
洋室がいいです。
요-시츠가 이-데스

73

준비하다
입국·출국하다
이동하다
걷다
자다
먹다
즐기다
사다
해결하다
교류하다

식사

조식도 하시나요?
朝食はお付けしますか？
초-쇼쿠와 오츠케시마스카

↓

식사는 괜찮아요.
食事はいいです。
쇼쿠지와 이-데스

부탁해요.
お願いします。
오네가이시마스

석식만 부탁해요.
夕食だけ お願いします。
유-쇼쿠다케 오네가이시마스

식사는 몇 시부터 몇 시까지인가요?
食事は 何時から 何時まで ですか？
쇼쿠지와 난지카라 난지마데데스카

식사를 하지 않고 숙박만 하는 것
素泊まり
스도마리

조식 먹는 곳은 어디예요?
朝食を 食べる ところは どこですか？
초-쇼쿠오 타베루 토코로와 도코데스카

↓

식당은 이쪽입니다.
食堂は こちらに なります。
쇼쿠도-와 코치라니 나리마스

식당은 로비 옆에 있습니다.
食堂は ロビーの 横に ございます。
쇼쿠도-와 로비-노 요코니 고자이마스

식당은 2층에 있습니다.
食堂は 2階に ございます。
쇼쿠도-와 니카이니 고자이마스

조식은 뷔페로 준비되어 있습니다.
朝食は バイキングに なって おります。
초-쇼쿠와 바이킹구니 낫테 오리마스

알레르기가 있어서 ~는 못 먹어요.
アレルギーが あるので ~は 食べられません。
아레루기-가 아루노데 ~와 타베라레마셍

셔틀버스

셔틀버스 있어요?
送迎バス ありますか？
そう げい
소-게-바스 아리마스카

일본의 온천은 역에서 떨어져 있어서 호텔이나 료칸에서 셔틀버스를 운행하는 경우가 많다.

예약이 필요한가요?
予約が 必要ですか？
よ やく　ひつ よう
요야쿠가 히츠요-데스카

셔틀버스 **送迎バス** そう げい 소-게-바스	셔틀버스 포함 **送迎バス付き** そう げい　つ 소-게-바스 쯔키

셔틀버스 시간을 알려 주세요.
送迎バスの 時間を 教えて
そう げい　　じ かん　おし
ください。
소-게-바스노 지캉오 오시에테 쿠다사이

호텔 주변

이 근처에
この 近くに
ちか
코노 치카쿠니

셔틀버스가 서는 곳은 어디인가요?
送迎バスの 止まる 場所は
そう げい　　と　　　ば しょ
どこですか？
소-게-바스노 토마루 바쇼와 도코데스카

+

일찍 여는 **朝早くからやってる** あさ はや 아사 하야쿠카라 얏테루		식당 **食堂** しょく どう 쇼쿠도-		이/가 있나요? **は ありますか？** 와 아리마스카
늦게까지 여는 **夜遅くまでやってる** よる おそ 요루 오소쿠마데 얏테루	+	슈퍼 **スーパー** 스-파-	+	

추천할 만한 **お勧めの** すす 오스스메노	+	관광지 **観光地** かん こう ち 캉코-치

75

준비하다

입국·출국하다

이동하다

걷다

자다

먹다

즐기다

사다

해결하다

교류하다

나카이상과의 대화

피곤하시죠? **お疲れさまでした。** 오츠카레사마데시타	어디에서 오셨어요? **どちらから いらっしゃったんですか？** 도치라카라 이랏샷탄데스카

↓

한국에서 왔어요. **韓国から 来ました。** 캉코쿠카라 키마시타	→	어디를 보고 오셨어요? **どちらを 見て 来られたんですか？** 도치라오 미테 코라레탄데스카

↓

여러 군데를 돌아봐서 피곤해요. **いろいろ 見て 回って 疲れました。** 이로이로 미테마왓테 쯔카레마시타	사람이 많아서 힘들었어요. **人が 多くて 大変でした。** 히토가 오-쿠테 타이헨데시타

↓

목욕 후 근처를 산책하시면 좋아요.
お風呂の 後、近所を 散歩されると いいですよ。
오후로노 아토 킹죠오 삼뽀사레루토 이-데스요

차

녹차
緑茶
료쿠챠

료칸에서 서비스해 주는 사람
仲居
나카이

(작은) 찻잔
湯飲み
유노미

찻주전자
急須
큐-스

좌식탁자
座卓
자타쿠

방석
座布団
자부통

76

맛있는 차와 과자네요.
おいしい お茶と お菓子ですね。
오이시- 오챠토 오카시데스네

식사

식사를 먼저 하시겠어요? 목욕을 먼저 하시겠어요?
お食事を 先に されますか？お風呂を 先に されますか？
오쇼쿠지오 사키니 사레마스카　　오후로오 사키니 사레마스카

↓

식사를 먼저 할게요.
食事を 先にします。
쇼쿠지오 사키니 시마스

목욕을 먼저 할게요.
お風呂を 先に します。
오후로오 사키니 시마스

이불

이불은 어떻게 할까요?
お布団は どうしましょうか？
오후통와 도-시마쇼-카

이불
布団
후통

↓

이불은 9시 정도에 부탁드려요.
布団は 9時ごろ お願いします。
후통와 쿠지고로 오네가이시마스

베개
枕
마쿠라

지금 펴 주세요.
もう 敷いて ください。
모- 시이테 쿠다사이

식후에 부탁드려요.
食事の後、お願いします。
쇼쿠지노 아토 오네가이시마스

온천

대욕장은 어디인가요?

大浴場は どこですか ?

다이요쿠죠-와 도코데스카

온천탕 お風呂 오후로	여탕 女湯 온나유	남탕 男湯 오토코유

유카타

유카타 浴衣 유카타	단젠 (겉옷) 丹前 탄젠	띠 帯 오비	게타 下駄 게타
	추울 때 유카타 위에 입는 겉옷.		

유카타 입는 법

여자

 → 왼쪽 옷 자락이 바깥쪽으로 오게 두른다. → 유카타 위에 띠를 두른다. → 유카타 매듭은 큰 제약 없이 자유롭게 매면 된다.

남자

 → → 왼쪽 옷자락이 바깥쪽으로 오는 이유는 옛날에 물건을 오른손으로 넣기 쉽게 하기 위해서였다. 반대로 하면 죽은 사람에게 옷을 입힐 때 하는 방법이므로 주의한다.

78

온천 질문

목욕탕은 몇 시부터 몇 시까지인가요?
お風呂は 何時から 何時までですか？
오후로와 난지카라 난지마데데스카

가족끼리 들어가고 싶은데요…
家族で 入りたいんです
が・・・
카조쿠데 하이리타인데스가

노천탕은 따로따로인가요?
露天風呂は 別々ですか？
로텐부로와 베츠베츠데스카

+

노천탕 ## 露天風呂 로텐부로	가족탕 ## 家族風呂 카조쿠부로

대절탕 (통째로 빌리는 탕)
貸切風呂
카시키리부로

+

있어요?
ありますか？
아리마스카

네, 따로따로예요.
はい、別々です。
하이 베츠베츠데스

아니요, 혼욕이에요.
いいえ、混浴です。
이-에 콩요쿠데스

일본에서는 문신 = 야쿠자라는 인식이 강해 문신이 있는 경우 온천 출입을 막을 수도 있다.

문신(타투)이 있는 경우에 들어갈 수 있나요?
イレズミ(タトゥー)の 入ってる 場合は 入れますか？
이레즈미(타투-)노 하잇테루 바아이와 하이레마스카

어린이는 몇 살까지 성별이 다른 탕에 들어갈 수 있어요?
子どもは 何歳まで 異性の お風呂に 入れますか？
코도모와 난사이마데 이세-노 오후로니 하이레마스카

준비하다

입국·출국하다

이동하다

걷다

자다

먹다

즐기다

사다

해결하다

교류하다

입욕 방법

온천 들어가는 법을 알려 주세요.
温泉の入り方を教えてください。
온센노 하이리카타오 오시에테 쿠다사이

탈의실에 들어갔을 때 선반에 바구니만 놓여 있으면 바구니에 옷을 벗어 놓고 들어가면 된다. 간혹 숙박하지 않고 온천만 즐기는 사람들을 위해 로커가 있는 경우도 있다.

탈의실

옷 바구니
脱衣かご
다츠이 카고

로커
ロッカー
록카-

입욕 용품

수건	비누	바디샴푸
タオル	石けん	ボディーソープ
타오루	셋켕	보디-소-푸

샴푸	린스	면도기
シャンプー	リンス	カミソリ
샴푸-	린스	카미소리

+

은/는 별도 요금인가요?
は 別料金ですか？
와 베츠료-킹데스카

은/는 비치되어 있어요?
は 備え付けられ ていますか？
와 소나에츠케라레테 이마스카

온천 효과

이 온천은 어디에 효과가 있어요?
この 温泉は 何に 効きますか？
코노 온센와 나니니 키키마스카

어깨결림	신경통	혈액순환
肩こり	神経痛	血液循環
카타코리	신케이츠-	케츠에키 쥰칸

미백	변비	아토피성 피부염
美肌	便秘	アトピー性皮膚炎
비하다	벤삐	아토피-세-히후엥

+

에 좋아요.
にいいですよ。
니 이-데스요

온천탕

수도꼭지 蛇口 _{じゃ ぐち} 자구치	의자 椅子 _{い す} 이스	이 세숫대야, 써도 될까요? この 洗面器、 _{せん めん き} 使っても _{つか} いいですか？ 코노 센멘키 쯔캇테모 이-데스카

샤워기 シャワー 샤와-	세숫대야 洗面器 _{せん めん き} 센멘키	욕조 湯舟 _{ゆ ぶね} 유부네

가이세키 요리 상차림

일본의 전통 요리로, 일본 료칸에서 맛볼 수 있다. 제철 재료로 만든 다채로운 가짓수의 요리와 맛이 특징이다.

메인요리
メイン料理 _{りょう り}
메인료-리

달걀찜
茶碗蒸し _{ちゃ わん む}
챠왕 무시

두부
豆腐 _{とう ふ}
토-후

장아찌
漬物 _{つけ もの}
쯔케모노

튀김
天ぷら _{てん}
텐뿌라

맑은 국물
お吸い物 _{す もの}
오스이모노

밥
ご飯 _{はん}
고항

젓가락
箸 _{はし}
하시

전채요리
前菜 _{ぜん さい}
젠사이

된장국
お味噌汁 _{み そ しる}
오미소시루

된장국은 お味噌汁(오미소시루), 맑은 국물
은 お吸い物(오스이모노)라고 한다.

회
刺身 _{さし み}
사시미

가이세키 요리 질문

이모!
仲居さん！
なか い
나카이상

요리 안에 ~이 들어 있나요?
料理の中に～は入っていますか？
りょう り なか はい
료-리노 나카니 ~와 하잇테 이마스카

식당
食堂・お食事処
しょく どう しょく じ どころ
쇼쿠도-　오쇼쿠지도코로

~를 못 먹는데, 다른 요리로 바꿔 줄 수 있어요?
～が食べられないんですが、他の料理に代えてもらえますか？
た ほか りょう り か
가 타베라레나인데스가 호카노 료-리니 카에테 모라에마스카

이 요리가 뭐죠?
この料理は何ですか？
りょう り なん
코노 료-리와 난데스카

이건 무슨 생선이에요?
これは何の魚ですか？
なん さかな
코레와 난노 사카나데스카

이건 어떻게 먹어요?
これはどうやって食べるんですか？
た
코레와 도-얏테 타베룬데스카

뭘 찍어 먹어요?
どれを付けて食べるんですか？
つ た
도레오 쯔케테 타베룬데스카

음료는 어떻게 하시겠어요?
お飲み物はいかがなさいますか？
の もの
오노미모노와 이카가 나사이마스카

↓

필요 없어요.
要りません。
い
이리마셍

우선, 맥주요!
とりあえず、ビール！
토리아에즈 비-루

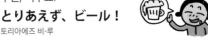

이제 먹어도 될까요?	맛있어 보이네요.
もう 食べて いいですか？	おいしそうですね。
모- 타베테 이-데스카	오이시소-데스네

이제 먹기 좋게 익었어요.	자, 드세요.
そろそろ 食べごろですよ。	どうぞ。お召し上がりください。
소로소로 타베고로데스요	도-조 오메시아가리 쿠다사이

잘 먹겠습니다.	아주 맛있어요.
いただきます。	すごく おいしいです。
이타다키마스	스고쿠 오이시-데스

자
다
03
료
칸

추가

맥주	한 병	
ビール	一本	추가 부탁드립니다.
비-루	잇뽕	追加 お願いします。
		쯔이카 오네가이시마스
술	두 병	
お酒	二本	
오사케	니홍	

(24쪽 조수사 참고)

다 먹은 후

치워도 될까요?	맛있었어요.
お下げしても よろしいですか？	おいしかったです。
오사게시테모 요로시-데스카	오이시캇타데스

입에 맞으셨어요?	잘 먹었어요.
お口に 合いましたか？	ご馳走様でした。
오쿠치니 아이마시타카	고치소-사마데시타

추가 요금

체크아웃 하고 싶은데요…

チェックアウト したいんですが・・・

첵쿠아우토 시타인데스가

추가 요금은 있나요?

追加料金は ありますか？

쯔이카 료-킹와 아리마스카

미니바	룸서비스
ミニバー	**ルームサービス**
미니바-	루-무사-비스

이것은 무슨 요금인가요?

これは 何の 料金ですか？

코레와 난노 료-킹데스카

유료 채널은 안 봤어요.

有料チャンネルは 見ていません。

유-료- 챤네루와 미테 이마셍

꺼내 본 것 뿐이에요.

出してみた だけです。

다시테미타 다케데스

안 마셨어요.

飲みませんでした。

노미마셍데시타

↓

사용했어요.

使いました。

쯔카이마시타

쓰지 않았어요.

使っていません。

쯔캇테 이마셍

이 주변 관광지도가 있나요?

この 辺りの 観光地図は ありますか？

코노 아타리노 캉코-치즈와 아리마스카

택시를 불러 주시겠어요?

タクシーを 呼んでもらえますか？

타쿠시-오 욘데 모라에마스카

숙박 연장

다시 1박 더 하고 싶은데요…
もう 一日 泊まりたいんですが・・・
모- 이치니치 토마리타인데스가

시간 변경

체크인 시간을 조금 당길 수 있을까요?
チェックインの 時間を 少し 早められますか？
첵쿠인노 지캉오 스코시 하야메라레마스카

체크아웃 시간을 늦출 수가 있을까요?
チェックアウトの 時間を 遅くする ことが できますか？
첵쿠아우토노 지캉오 오소쿠스루 코토가 데키마스카

짐을 맡길 때

체크인 전에
チェックインの 前に
첵쿠인노 마에니

체크아웃 후에
チェックアウトの 後
첵쿠아우토노 아토

＋

잠깐 동안만
少しの 間
스코시노 아이다

~시간 정도
~時間ぐらい
지캉구라이

~시까지
~時まで
지마데

짐을 맡길 수 있나요?
荷物を 預けられますか？
니모츠오 아즈케라레마스카

←

짐을 찾으러 왔어요.
荷物を 取りに 来ました。
니모츠오 토리니 키마시타

85

05 숙박 트러블 宿泊 トラブル 슈쿠하쿠 토라부루

준비하다
월·출하다
이동하다
걷다
자다
먹다
즐기다
사다
해결하다
교류하다

용품이 없을 때

샴푸	린스	비누	면도기	칫솔	치약
シャンプー	**リンス**	**石けん**	**カミソリ**	**歯ブラシ**	**歯磨き粉**
샴푸-	린스	셋켕	카미소리	하부라시	하미가키코

수건	두루마리 휴지
タオル	**トイレットペーパー**
타오루	토이렛토 페-파-

+ 가 없는데요…
が ないんですが・・・
가 나인데스가

고장

텔레비전	에어컨	냉장고
テレビ	**エアコン**	**冷蔵庫**
테레비	에아콩	레-조-코

샤워	열쇠	드라이어
シャワー	**鍵**	**ドライヤー**
샤와-	카기	도라이야-

+ 의 상태가 안 좋은데요…
**の調子が 悪いん
ですが・・・**
노 쵸-시가 와루인데스가

화장실

물이 안 나와요.	화장실 물이 안 내려가요.
水が 出ません。	**トイレの 水が 流れません。**
미즈가 데마셍	토이레노 미즈가 나가레마셍

더운물이 안 나와요.	화장실이 막혔어요.
お湯が 出ません。	**トイレが 詰まりました。**
오유가 데마셍	토이레가 쯔마리마시타

샴푸가 없어요.
シャンプーが 切れて います。
샴푸-가 키레테 이마스

86

불이 안 켜져요. **電気が付きません。** <ruby>電気<rt>でんき</rt></ruby>が<ruby>付<rt>つ</rt></ruby>きません。 덴키가 츠키마셍	베개 하나 더 주세요. **枕、もう一つください。** <ruby>枕<rt>まくら</rt></ruby>、もう<ruby>一<rt>ひと</rt></ruby>つください。 마쿠라 모- 히토츠 쿠다사이

시트가 더러운데, 바꿔 주세요.
シーツが汚れているので、取り替えてください。
シーツが<ruby>汚<rt>よご</rt></ruby>れているので、<ruby>取<rt>と</rt></ruby>り<ruby>替<rt>か</rt></ruby>えてください。
시-츠가 요고레테 이루노데 토리카에테 쿠다사이

방 선택·방 교체

방이 더러운데요
部屋が汚いんですけど
<ruby>部屋<rt>へや</rt></ruby>が<ruby>汚<rt>きたな</rt></ruby>いんですけど
헤야가 키타나인데스케도

+

바꿔 주실 수 있나요?
代えてもらえませんか？
<ruby>代<rt>か</rt></ruby>えてもらえませんか？
카에테 모라에마셍카

방이 냄새가 나는데요
部屋がくさいんですけど
<ruby>部屋<rt>へや</rt></ruby>がくさいんですけど
헤야가 쿠사인데스케도

조용한 방으로
静かなお部屋に
<ruby>静<rt>しず</rt></ruby>かなお<ruby>部屋<rt>へや</rt></ruby>に
시즈카나 오헤야니

옆방이 시끄러운데요
隣がうるさいんですけど
<ruby>隣<rt>となり</rt></ruby>がうるさいんですけど
토나리가 우루사인데스케도

+

경치가 좋은 방으로
景色のいい部屋に
<ruby>景色<rt>けしき</rt></ruby>のいい<ruby>部屋<rt>へや</rt></ruby>に
케시키노 이- 헤야니

어른이 계셔서 그런데
お年寄りがいるので
お<ruby>年寄<rt>としよ</rt></ruby>りがいるので
오토시요리가 이루노데

낮은 층으로 **低い階に** <ruby>低<rt>ひく</rt></ruby>い<ruby>階<rt>かい</rt></ruby>に 히쿠이 카이니	높은 층으로 **高い階に** <ruby>高<rt>たか</rt></ruby>い<ruby>階<rt>かい</rt></ruby>に 타카이 카이니

다리가 안 좋아서 그런데
足が悪いので
<ruby>足<rt>あし</rt></ruby>が<ruby>悪<rt>わる</rt></ruby>いので
아시가 와루이노데

+

해 주시면 좋겠는데요…
して欲しいんですが・・・
して<ruby>欲<rt>ほ</rt></ruby>しいんですが・・・
시테 호시인데스가

87

준비하다

묵다·숙박하다

이동하다

걷다

자다

먹다

즐기다

사다

해결하다

교류하다

엘리베이터

엘리베이터에 갇혔는데요…
エレベーターに 閉じ込められたんですが・・・
에레베-타-니 토지코메라레탄데스가

문

문이 안 열리는데요…
ドアが 開かないんですが・・・
도아가 아카나인데스가

문을 열어 주세요.
ドアを 開けて ください。
도아오 아케테 쿠다사이

열쇠

열쇠를 잃어버렸어요.
カギを 無くしました。
카기오 나쿠시마시타

열쇠를 방 안에 두고 나왔어요.
カギを 部屋の 中に 置いてきて しまいました。
카기오 헤야노 나카니 오이테키테 시마이마시타

요청

컵라면에 넣을 뜨거운 물 있나요?
カップラーメンに 入れる お湯 ありますか？
캅푸라-멘니 이레루 오유 아리마스카

젓가락이 필요한데 있어요?
割り箸が 要るんですが、ありますか？
와리바시가 이룬데스가 아리마스카

88

룸서비스

오래 기다리셨습니다. 룸서비스입니다.

お待たせいたしました。ルームサービスです。

오마타세이타 시마시타　　　　　　　　루-무사-비스데스

부탁 안 했는데요.

頼んでいませんよ。

타논데 이마셍요

숙소에 물건을 놓고 왔을 때

실례합니다. ~일에 묵었던 ~인데요,

방에 지갑(휴대폰)을 놓고 온 것 같은데 없었나요?

すみません。～日に泊まった～ですが、

스미마셍　　　　　　　　니치니 토맛타 ~데스가

部屋に財布(ケータイ)を忘れてきたみたいなんですが、

헤야니 사이후(케-타이)오 와스레테키타 미타이난데스가

ありませんでしたか？

아리마셍데시타카

↓

아니요, 없었습니다.

いいえ、ありませんでした。

이-에 아리마셍데시타

네, 보관하고 있어요.

はい、お預かりしています。

하이 오아즈카리시테 이마스

우편으로 보내 주시겠어요?

郵便で送って
もらえますか？

유-빙데 오쿳테 모라에마스카

준비하다
입국·출국하다
이동하다
걷다
자다
먹다
즐기다
사다
해결하다
교류하다

Trip6 먹다 食べる
た べ る

맛있겠다!

おいしそう！

오이시소-

01 가게 店 みせ

길거리 음식

붕어빵에 붕어가 없듯이 일본의 타이야키에도 たい(타이:도미)가 없다.

붕어빵	문어빵	닭꼬치	크레이프	팥빙수
たい焼き	**たこ焼き**	**焼き鳥**	**クレープ**	**かき氷**
타이야키	타코야키	야키토리	쿠레-푸	카키고오리

유명한 규동 가게

요시노야	마츠야
吉野家	**松屋**
요시노야	마츠야

패스트푸드점

모스버거	맥도날드	롯데리아	KFC
モスバーガー	**マクドナルド**	**ロッテリア**	**ケンタッキー**
모스바-가-	마쿠도나루도	롯테리아	켄탁키-

대중적인 저렴한 패밀리 레스토랑

가스토	사이제리아
ガスト	**サイゼリア**
가스토	사이제리아

데니즈	
デニーズ	한국의 패밀리 레스토랑보다 저렴한 편이며 한 끼 식사를 위해 부담없이 찾을 수 있는 곳이다.
데니-즈	

회전초밥집

구라즈시	스시로
くら寿司	**スシロー** スシロー
쿠라즈시	스시로-

갓빠즈시	하마즈시
かっぱずし	**はまずし** 寿司はまHAMAZUSHI
캇빠즈시	하마즈시

이자카야

일본의 이자카야는 저렴한 가격에 술은 물론 가벼운 식사와 디저트까지 즐길 수 있는 대중적인 선술집이다.

선술집	기라쿠테이	산쵸쿠야타카
居酒屋	**喜楽亭**	**産直屋たか**
이자카야	키라쿠테-	상쵸쿠야 타카

슈하이	기시다야	기하루
酒盃	**岸田屋**	**きはる**
슈하이	키시다야	키하루

02 먹거리 재료 食材 쇼쿠자이

야채

야채 野菜 야사이	제철 야채나 생선 旬のもの 슌노 모노	전, 당근은 못 먹어요. 私、ニンジンはだめなんです。 와타시 닌징와 다메난데스

파 ねぎ・ネギ 네기	양파 玉ねぎ 타마네기	마늘 にんにく 닌니쿠	생강 しょうが 쇼-가	당근 にんじん 닌징

마 とろろ(いも) 토로로(이모)	숙주 もやし 모야시	콩나물 豆もやし 마메모야시	오이 きゅうり 큐-리	부추 にら 니라	배추 白菜 하쿠사이

고추 唐辛子 토-가라시	무 大根 다이콩	콩 豆 마메	양배추 キャベツ 캬베츠	양상추 レタス 레타스	옥수수 とうもろこし 토-모로코시

쑥갓 春菊 슌기쿠	가지 なす 나스	시금치 ほうれん草 호-렌소-	호박 かぼちゃ 카보챠	감자 じゃがいも 쟈가이모

고구마 さつまいも 사츠마이모	우엉 ごぼう 고보-	연근 れんこん 렌콩	토란 さといも 사토이모	죽순 竹の子 타케노코

도라지 ききょうの根 키쿄-노 네	송이버섯 松茸 마츠타케	표고버섯 しいたけ 시이타케	쑥 よもぎ 요모기	피망 ピーマン 피-망

해산물

| 해산물
かい さん ぶつ
海産物
카이산부츠 | 굴
カキ
카키 | 대첩
シジミ
시지미 | 바지락
アサリ
아사리 | 대합
ハマグリ
하마구리 |

| 가리비
ホタテ
호타테 | 전복
アワビ
아와비 | 해삼
ナマコ
나마코 | 멍게
ホヤ
호야 | 성게
ウニ
우니 |

| 해초
かい そう
海草
카이소- | 김
ノリ
노리 | 파래
アオノリ
아오노리 | 미역
ワカメ
와카메 | 다시마
コンブ
콘부 | 톳
ひじき
히지키 |

생선

| 생선
さかな
魚
사카나 | 고등어
サバ
사바 | 꽁치
サンマ
삼마 | 꽁치의 한자는 秋刀魚(さんま:삼마)로 가을에 맛있는, 칼처럼 생긴 긴 생선이란 뜻이다. | 흰살 생선
しろ み ざかな
白身魚
시로미 자카나 |

| 참치
マグロ
마구로 | 장어
ウナギ
우나기 | 붕장어
アナゴ
아나고 | 아나고의 한자는 穴子(あなご:아나고)로 구멍 속으로 들어가려는 성질이 있어서 붙여진 이름이다. | 붉은살 생선
あか み ざかな
赤身魚
아카미 자카나 |

| 연어
サケ
사케 | 복어
フグ
후구 | 광어
ヒラメ
히라메 | 도미
タイ
타이 | 가자미
カレイ
카레이 |

| 대구
タラ
타라 | 미꾸라지
ドジョウ
도죠- | 오징어
イカ
이카 | 문어
タコ
타코 | 갈치
タチウオ
타치우오 | 가오리
えい
에이 | 가다랑어
カツオ
카츠오 |

과일

과일 果物 <small>くだもの</small> 쿠다모노	귤 ミカン 미캉	사과 林檎 · リンゴ <small>りんご</small> 링고	배 梨 · ナシ <small>なし</small> 나시	바나나 バナナ 바나나
수박 西瓜 · スイカ <small>すい か</small> 스이카	감 柿 · カキ <small>かき</small> 카키	복숭아 桃 · モモ <small>もも</small> 모모	멜론 メロン 메론	자두 スモモ 스모모
포도 葡萄 · ブドウ <small>ぶ どう</small> 부도-	살구 杏 · アンズ <small>あんず</small> 안즈	앵두 サクランボ 사쿠란보	키위 キウイ 키우이	참외 マクワウリ 마쿠와우리
딸기 苺 · イチゴ <small>いちご</small> 이치고	산딸기 木苺 · キイチゴ <small>き いちご</small> 키이치고		비파 ビワ 비와	

아~ 배 부르다. 그래도 디저트 배는 따로 있어요!
あ～お腹いっぱい！ でも、デザートは別バラです！
<small>なか　　　　　　　　　　　　　　　　　　　　　　べつ</small>
아~ 오나카 입빠이　　데모 데자-토와 베쓰바라데스

견과류

호두 クルミ 쿠루미	땅콩 ピーナッツ 피-낫츠	밤 栗 · クリ <small>くり</small> 쿠리	대추 ナツメ 나쓰메
잣 松の実 <small>まつ み</small> 마쓰노 미	아몬드 アーモンド 아몬도	해바라기 씨 ひまわりの種 <small>たね</small> 히마와리노 타네	

94

고기

고기	소고기	돼지고기	닭고기	말고기
肉	牛肉	豚肉	鶏肉	馬肉
니쿠	규-니쿠	부타니쿠	토리니쿠	바니쿠

熊本(구마모토)가 말고기로 유명하다.

라무는 어린 양고기, 보통은 징기스칸이라고 한다.

양고기
ラム(子)・ジンギスカン(親)
라무(코)　징기스칸(오야)

이건 무슨 고기예요?
これ は 何の 肉ですか？
코레와 난노 니쿠데스카

조미료 · 소스

소금	설탕	간장	일본식 간장
(お)塩	(お)砂糖	(お)醤油	つゆ
(오)시오	(오)사토-	(오)쇼-유	쯔유

가다랑어, 다시마 등을 넣어 끓인 일본식 간장.

식초	후추	마요네즈	케첩
(お)酢	こしょう	マヨネーズ	ケチャップ
(오)스	코쇼-	마요네-즈	케챱푸

7가지 향신료	깨	겨자
七味唐辛子	ゴマ	辛子・カラシ
시치미 토-가라시	고마	카라시

七味唐辛子(시치미 토-가라시)는 줄여서 唐辛子(토-가라시:고추)라고도 한다.

돈가스나 어묵에 곁들여 나온다.

고추냉이
ワサビ
와사비

간장 있어요?
お醤油、ありますか？
오쇼-유 아리마스카

소스 맛

소스	순한 맛	중간 매운맛	매운맛
ソース	甘口	中辛	辛口
소-스	아마쿠치	츄-카라	카라쿠치

03 조리 방법 料理の方法 료-리노 호-호-

식사

밥 ご飯 고항	국 お汁 오시루	반찬 おかず 오카즈	죽 おかゆ 오카유

달걀

달걀 卵 타마고	날달걀 生卵 나마타마고	달걀찜 茶碗蒸し 챠왕무시	달걀 프라이 目玉焼き 메다마야키	오믈렛 オムレツ 오무레츠

달걀말이 卵焼き 타마고야키	스크램블드에그 スクランブルエッグ 스쿠람부루엑구		오므라이스 オムライス 오무라이스

구이·볶음

구이·볶음 焼~ 야키	생선구이 焼魚 야키자카나	고기구이 焼肉 야키니쿠	닭꼬치구이 焼鳥 야키토리	볶음밥 焼飯 야키메시

튀김

~튀김 ~揚げ 아게	치킨 (튀김옷이 얇은 치킨) から揚げ 카라아게 보통 小麦粉(こむぎこ:코무기코:밀가루)로 튀긴 것. 튀김옷이 얇은 것이 특징. 일반적으로 から揚げ 하면 とり의 から揚げ(토리노 카라아게:닭고기 튀김)를 떠올린다.	바삭바삭치킨 (튀김옷이 두꺼운 치킨) 竜田揚げ 타츠타 아게 간장, 미림 등으로 양념을 하여 片栗粉(かたくりこ:카타쿠리코:녹말가루)로 튀긴 것을 말한다. 바삭바삭한 것이 특징.
~덴푸라 ~天ぷら 텐뿌라		
~프라이 ~フライ 후라이	새우튀김 エビの天ぷら 에비노 텐뿌라 튀김가루로만 튀긴 것.	새우프라이 エビフライ 에비 후라이 밀가루에 빵가루까지 묻혀 튀긴 것. 

96

덮밥

~덮밥
~丼
동

닭고기덮밥
親子丼
<small>おや こ どん</small>
오야코동

소고기덮밥
牛丼
<small>ぎゅう どん</small>
규-동

튀김덮밥
天丼
<small>てん どん</small>
텐동

밥 위에 튀김을 올린 후 간장 소스를 뿌려서 나온다.

볶음

~볶음
~炒め
<small>いた</small>
이타메

야채볶음
野菜炒め
<small>や さい いた</small>
야사이 이타메

된장볶음
味噌炒め
<small>み そ いた</small>
미소 이타메

숙주 된장볶음
モヤシの 味噌炒め
<small>み そ いた</small>
모야시노 미소 이타메

버터볶음
バター炒め
<small>いた</small>
바타- 이타메

바지락 버터볶음
アサリの バター炒め
<small>いた</small>
아사리노 바타- 이타메

조림
煮物
<small>に もの</small>
니모노

찜

~찜
~蒸し
<small>む</small>
무시

달걀찜
茶碗蒸し
<small>ちゃ わん む</small>
챠왕무시

술을 넣어 찐 찜
酒蒸し
<small>さか む</small>
사카무시

소금간을 해서 술을 넣고 찐 음식.

무침
和え物
<small>あ もの</small>
아에모노

바지락 술찜
アサリの 酒蒸し
<small>さか む</small>
아사리노 사카무시

가리비 술찜
ホタテの 酒蒸し
<small>さか む</small>
호타테노 사카무시

절임
漬物
<small>つけ もの</small>
쯔케모노

찌개

찌개
鍋
<small>なべ</small>
나베

스키야키 (찌개 전골)
すき焼き
<small>や</small>
스키야키

고기와 야채를 끓여서 먹는 전골요리.

샤부샤부
しゃぶしゃぶ
샤부샤부

어묵탕
おでん
오뎅

일본식 닭백숙
水炊き
<small>みず た</small>
미즈타키

우리나라 백숙과 비슷한 맑은 국물의 닭고기 요리.

일본식 모듬전골
寄せ鍋
<small>よ なべ</small>
요세나베

스모선수용 찌개
チャンコ鍋
<small>なべ</small>
챵코나베

일본 스모선수용 찌개로 고기나 생선, 야채가 고루 들어가 독특한 전골요리.

준비하다
입국·출국하다
이동하다
걷다
자다
먹다
즐기다
사다
해결하다
교류하다

근처에 **近くに** 치카쿠니	+	추천해 줄 만한 식당 **おすすめの お店** 오스스메노 오미세	유명한 식당 **有名な お店** 유-메-나 오미세
		소문난 식당 **人気のある お店** 닌키노 아루 오미세	맛있는 식당 **おいしい お店** 오이시- 오미세

레스토랑 **レストラン** 레스토랑	패밀리 레스토랑 **ファミリーレストラン** 화미리- 레스토랑	식당 **食堂** 쇼쿠도-

패스트푸드점 **ファストフード** 화스토 후-도	+	이/가 있어요? **は ありますか？** 와 아리마스카

선술집 **居酒屋** 이자카야

영업은 **営業は** 에-교-와	+	몇 시부터예요? **何時からですか？** 난지카라데스카	→	~부터예요. **～からです。** 카라데스
		몇 시까지예요? **何時までですか？** 난지마데데스카	→	~까지예요. **～までです。** 마데데스

라면 **ラーメン** 라-멘	우동 **うどん** 우동	소고기덮밥 **牛丼** 규-동
메밀국수 **そば** 소바	회전초밥 **回転寿司** 카이텡즈시	초밥 **寿司** 스시
숯불구이 고기 **焼肉** 야키니쿠	일본식 부침개 **お好み焼き** 오코노미야키	돈가스 **トンカツ** 톤카츠
일본요리 **日本料理** 니홍료-리	중화요리 **中華料理** 츄-카료-리	한국요리 **韓国料理** 캉코쿠료리

04
음식점 추천

寿司屋(すしや:스시야)는 カウンター席(카운타-세키:카운터석)이 있는 고급 초밥집이다. 저렴하게 먹을 때는 回転寿司(카이텡즈시:회전초밥집)로 가면 된다.

+

을/를 먹고 싶은데요, 추천 가게 있어요?
を食べたいんですが、おすすめのお店ありますか？
오 타베타인데스가 오스스메노 오미세 아리마스카

음식 뷔페 **食べ放題** 타베호-다이	음료 뷔페 **飲み放題** 노미호-다이	뷔페 **バイキング** 바이킹구	드링크바 **ドリンクバー** 도링쿠바-

일본의 패밀리 레스토랑 サラダバー(사라다바:샐러드바)는 한국과 달리 그 종류가 적다.

05 음식점 입구에서 食堂の入口で 쇼쿠도-노 이리구치데

입구에서의 대화

아~, 배고프다.	뭐 먹을까?	어서 오세요.
あ～、お腹空いた。	何食べようか？	いらっしゃいませ。
아 오나카 스이타	나니 타베요-카	이랏샤이마세

몇 분이세요?	1명	2명	3명		이에요.
何名さまですか？	一人	二人	三人	+	です。
난메-사마데스카	히토리	후타리	산닝		데스

흡연석	금연석	테이블석	카운터석
喫煙席	禁煙席	テーブル席	カウンター席
키츠엔세키	킹엔세키	테-부루세키	카운타-세키

자리는요?	담배 피우세요?
お席は？	おタバコ お吸いに なりますか？
오세키와	오타바코 오스이니 나리마스카

금연석이 좋으세요? 흡연석이 좋으세요?

禁煙席が よろしいですか？
킹엔세키가 요로시-데스카

喫煙席が よろしいですか？
키츠엔세키가 요로시-데스카

↓

금연석으로.	흡연석으로.
禁煙席で。	喫煙席で。
킹엔세키데	키츠엔세키데

준비하다 / 입국·출국하다 / 이동하다 / 걷다 / 자다 / 먹다 / 즐기다 / 사다 / 해결하다 / 교류하다

만석

죄송하지만 자리가 없어요.
申し訳 ございませんが、満席です。
모-시와케 고자이마셍가 만세키데스

그럼 됐어요.
じゃあ、いいです。
쟈- 이-데스

조금만 기다려 주세요.
少々 お待ち いただけますか？
쇼-쇼- 오마치 이타다케마스카

→

기다릴게요.
待ちます。
마치마스

얼마나 기다려야 하나요?
どのぐらい かかりますか？
도노구라이 카카리마스카

↓

10분 정도요.
10分 くらいです。
쥿뿡 쿠라이데스

30분 정도요.
30分 くらいです。
산쥿뿡 쿠라이데스

여기에 이름을 쓰고
こちらに 名前を 書いて
코치라니 나마에오 카이테

줄 서서
並んで
나란데

＋

기다려 주세요.
お待ちください。
오마치 쿠다사이

자리 안내

오래 기다리셨어요.
お待たせ いたしました。
오마타세 이타시마시타

이쪽으로 오세요.
こちらへ どうぞ。
코치라에 도-조

101

주문 질문

주문은요? **ご注文は？** 고츄-몽와	메뉴를 보여 주세요. **メニューを見せて ください。** 메뉴-오 미세테 쿠다사이

주문하시겠어요?
ご注文は お決まりでしょうか？
고츄-몽와 오키마리데쇼-카

추천 메뉴

(오늘의) 추천 메뉴는 뭐예요?
(今日の) おすすめは 何ですか？
(쿄-노) 오스스메와 난데스카

추천 (메뉴) **おすすめ** 오스스메	오늘의 추천 (메뉴) **本日の おすすめ** 혼지츠노 오스스메	어린이 런치 **お子様ランチ** 오코사마 란치

오늘의 메뉴 **日替わり** 히가와리	오늘의 런치 **日替わり ランチ** 히가와리 란치	런치 메뉴 **ランチメニュー** 란치 메뉴-

정식 **～定食** 테-쇼쿠	定食(테-쇼쿠)는 돈가스 정식처럼 요리와 밥과 된 장국이 같이 나오는 것을 말한다.	한상차림 **～御膳** 고젠	定食(테-쇼쿠)가 800엔이라면 御膳(고젠)은 1,200엔 정도로 御膳이 400엔 정도 가격이 비싸다.

커피 제공 **コーヒー付き** 코-히- 쯔키	공기밥 무제한 리필 **ご飯 お代り 自由** 고항 오카와리 지유-

런치 메뉴 **ランチメニュー** 란치 메뉴-	스파게티 **スパゲティー** 스파게티-	+	에 커피가 같이 나오나요? **に コーヒーは 付いて ますか？** 니 코-히-와 쯔이테 마스카

맛 질문·맛 표현

이것은 어떤 맛이에요? **これは どんな 味ですか？** 코레와 돈나 아지데스카		쓰다 **苦い** 니가이	싱겁다 **薄い** 우스이
달다 **甘い** 아마이	맵다 **辛い** 카라이	아주 매운맛 **激辛** 게키카라	매콤달콤 **甘辛** 아마카라
진하다 **濃い** 코이	떫다 **渋い** 시부이	시다 **すっぱい** 슷빠이	짜다 **しょっぱい·塩辛い** 슷빠이 · 시오카라이
고소하다 **香ばしい** 코-바시-	느끼하다 **油っこい** 아부랏코이		+	인가요? **ですか？** 데스카

매운 것이 먹고 싶은데요…
辛い ものが 食べたいんですが・・・
카라이 모노가 타베타인데스가

매운 것은 없어요?
辛い ものは ありませんか？
카라이 모노와 아리마셍카

주문 시 요청

알레르기가 있어요.

アレルギーが あるんですけど

아레루기-가 아룬데스케도

새우	달걀
エビ	**卵**
에비	타마고
게	메밀 국수
カニ	**そば**
카니	소바
키위	복숭아
キウイ	**もも**
키우이	모모

+

은/는 안 들어가나요?

は 入っていませんか？

와 하잇테 이마셍카

은/는 빼 주세요.

は 入れないで ください。

와 이레나이데 쿠다사이

고기를 못 먹는데요…

肉、食べられないんですけど・・・

니쿠 타베라레나인데스케도

짜지 않게 해 주세요. (연한 맛으로 부탁해요.)

薄味で お願いします。

우스아지데 오네가이시마스

옆에 있는 요리 질문

저것은 어떤 요리인가요?

あれは どんな 料理ですか？

아레와 돈나 료-리데스카

저것과 같은 것으로 주세요.

あれと 同じのを ください。

아레토 오나지노오 쿠다사이

104

주문 부탁드려요.
注文 お願いします。
<ruby>注文<rt>ちゅう もん</rt></ruby> お<ruby>願<rt>ねが</rt></ruby>いします。
츄-몽 오네가이시마스

(이거랑) 이거 주세요.
(これと) これ ください。
(코레토) 코레 쿠다사이

결제 질문

돈은요?
お金は・・・?
お<ruby>金<rt>かね</rt></ruby>は・・・?
오카네와

식권을 사세요.
食券を 買って ください。
<ruby>食券<rt>しょっ けん</rt></ruby>を <ruby>買<rt>か</rt></ruby>って ください。
쇼켄오 캇테 쿠다사이

선불이에요.
前払いです。
<ruby>前払<rt>まえ ばら</rt></ruby>いです。
마에바라이데스

나중에 내세요.
後でいいです。
<ruby>後<rt>あと</rt></ruby>でいいです。
아토데 이-데스

나중에 내도 돼요.
後払いで 大丈夫です。
<ruby>後払<rt>あと ばら</rt></ruby>いで <ruby>大丈夫<rt>だい じょう ぶ</rt></ruby>です。
아토바라이데 다이죠-부데스

먹다

06
주문

더 달라고 요청할 때

여기요, ~주세요.
すみません、～ください。
스미마셍 ~쿠다사이

스푼	젓가락	앞접시	앞접시 2개	물수건
スプーン	**箸**	**取り皿**	**取り皿 2枚**	**おしぼり**
	<ruby>箸<rt>はし</rt></ruby>	<ruby>取<rt>と</rt></ruby>り<ruby>皿<rt>ざら</rt></ruby>	<ruby>取<rt>と</rt></ruby>り<ruby>皿<rt>ざら</rt></ruby> 2<ruby>枚<rt>に まい</rt></ruby>	
스푸-운	하시	토리자라	토리자라 니마이	오시보리

재떨이	냅킨	(병)맥주 한 병 더		
灰皿	**ナプキン**	**(瓶)ビール、もう一本**		
<ruby>灰皿<rt>はい ざら</rt></ruby>		(<ruby>瓶<rt>びん</rt></ruby>)ビール、もう<ruby>一本<rt>いっ ぽん</rt></ruby>		
하이자라	나푸킨	(빙)비-루 모-잇뽕		

맥주 하나 더	컵	물	냉수, 찬물	앞치마
ビール、もう一つ	**グラス**	**お水**	**お冷**	**前掛け・エプロン**
ビール、もう<ruby>一<rt>ひと</rt></ruby>つ		お<ruby>水<rt>みず</rt></ruby>	お<ruby>冷<rt>ひや</rt></ruby>	<ruby>前掛<rt>まえ か</rt></ruby>け・エプロン
비-루 모- 히토츠	구라스	오미즈	오히야	마에카케 · 에푸론

07 식사 食事 쇼쿠지

식사 인사

잘 먹겠습니다!
いただきます！
이타다키마스

잘 먹었습니다!
ご馳走様でした！
고치소-사마데시타

어떻게 먹나요?
どうやって 食べたら いいですか？
도-얏테 타베타라 이-데스카

식사 중

입에 맞으세요?
お口に 合いますか？
오쿠치니 아이마스카

→

네, 맛있어요.
はい、おいしいです。
하이 오이시-데스

↓

저에게는 좀…
私には ちょっと・・・
와타시니와 촛토

+

달다	느끼하다
甘い	**油っこい**
아마이	아부라코이
짜다	
しょっぱい	
숏빠이	

+

이네요.
ですね。
데스네

리필

리필
おかわり
오카와리

리필이 되나요?
おかわり できますか？
오카와리 데키마스카

리필은 유료예요.
おかわりは 有料です。
오카와리와 유-료-데스

おかわり(오카와리)는 먹고 있거나 마시고 있는 것을 더 달라고 할 때 쓴다.

일본 음식점에서는 밑반찬을 리필하는 개념이 한국과는 다르다. 단무지라도 리필하면 돈이 청구된다는 것에 유념하자.

준비하다 · 묵다/출발하다 · 이동하다 · 걷다 · 자다 · **먹다** · 즐기다 · 사다 · 해결하다 · 교류하다

08 튀김 天ぷら 텐뿌라

튀김 메뉴

| 튀김 정식
天ぷら定食
てん ていしょく
텐뿌라 테-쇼쿠 | 튀김
天ぷら
てん
텐뿌라 | 밥
ご飯
はん
고항 | 장아찌
漬物
つけ もの
쯔케모노 | 된장국
味噌汁
み そ しる
미소시루 |

튀김 소스

| 맛간장
天つゆ
てん
텐츠유 | 소금
塩
しお
시오 | 무를 간 것
大根おろし
だい こん
다이콩 오로시 | 생강 간 것
おろしショウガ
오로시 쇼-가 |

튀김 종류

| 튀김
天ぷら
てん
텐뿌라

튀김가루(天ぷら粉:てんぷらこ텐뿌라코)로 반죽하여 튀긴 것. | 보통 새우튀김
エビ天
てん
에비 텐 | 우동 먹을 때 먹는 보통 새우튀김. |
| | 야채튀김
かき揚げ
あ
카키아게 | 야채를 얇고 길게 썰어 튀긴 것. |

| 프라이
フライ
후라이

밀가루(小麦粉:こむぎこ코무기코)+달걀(卵:たまご타마고)+빵가루(パン粉:パンこ팡코)를 묻혀서 튀긴 것. | 새우튀김
エビフライ
에비 후라이
크로켓처럼 빵가루를 묻혀서 튀긴 것. |
| | 전갱이 튀김
アジフライ
아지 후라이 |

크로켓 **コロッケ** 코록케 일본에서는 크로켓을 반찬으로 즐긴다. 빵집에서 파는 크로켓은 コロッケパン(코록케팡)이라고 한다.	감자 **ジャガイモ** 쟈가이모	카레 **カレー** 카레-
	야채 **野菜** や さい 야사이	크림 **クリーム** 쿠리-무
호박 **カボチャ** 카보챠	콘크림 **コーンクリーム** 코-온 쿠리-무	

역시 막 튀겨낸 게 맛있네요.
やっぱり揚げ立てがおいしいですね。
あ た
얏빠리 아게타테가 오이시-데스네

107

09 초밥·회 寿司 스시 · 刺身 사시미

초밥·회 주요 단어

요리사님! **大将!** たい しょう 타이쇼-	만 엔 이내로 부탁드려요. **一万円以内でお任せします。** いち まん えん い ない ・ まか 이치망엔 이나이데 오마카세시마스	초밥 **寿司** す し 스시

카운터석 **カウンター席** せき 카운타-세키	테이블석 **テーブル席** せき 테-부루세키	초밥집 **寿司屋** す し や 스시야	회전초밥 **回転寿司** かい てん ず し 카이텡즈시

식초밥 **シャリ** 샤리	초밥 재료 **ネタ** 네타	송·죽·매 **松·竹·梅** まつ たけ うめ 마츠 타케 우메	松이 가장 비싸고, 梅가 가장 싸다. 고급 초밥집에서는 가격을 접시 색이 아닌 이름으로 구별하기도 한다.	균일 **均一** きん いつ 킹이츠

접시 **お皿** さら 오사라	접시 색깔에 따라 가격이 다르다.	터치스크린 **タッチパネル** 탓치파네루	테이블 앞의 화면으로 주문하는 방식이다.

계산 **お愛想** あい そ 오아이소	계산을 나타내는 말은 計算(けいさん:케-산)·お勘定(おかんじょう: 오칸죠-)·会計(かいけい:카이케-) 가 있는데, 초밥집에서는 주로 お愛 想(오아이소)를 쓴다.	계산, 부탁드려요. **お愛想、お願いします。** あい そ ねが 오아이소 오네가이시마스

초밥집에서 나오는 녹차 **あがり** 아가리	절인 생강 **ガリ** 가리	고추냉이 **ワサビ** 와사비

장식된 무나 시소 **つま** 쯔마	깻잎 **ごまの葉っぱ** は 고마노 핫빠	시소 **しそ** 시소	주로 회에 곁들여 나오는 시소는 깻잎과 모양이 같지만 맛이 전혀 다르다.

준비하다 · 일찍 출발하다 · 이동하다 · 걷다 · 자다 · **먹다** · 즐기다 · 사다 · 해결하다 · 교류하다

초밥 종류

주먹초밥	일본식 회덮밥	유부초밥
握り寿司 にぎ ずし 니기리즈시	**ちらし寿司** ずし 치라시즈시	**いなり寿司** ずし 이나리즈시

아이스크림 콘 모양으로 만든 초밥.

테마키즈시
手巻き寿司
て ま ずし
테마키즈시

김밥 종류

김밥	굵은 김초밥
ノリ巻き ま 노리마키	**太巻き** ふと ま 후토마키
마키즈시 **巻き寿司** ま ずし 김밥처럼 생긴 초밥.	샐러드 김초밥 **サラダ巻き** ま 사라다마키
오이말이 김초밥 **かっぱ巻き** ま 캇빠마키	かっぱ(캇빠)가 오이를 좋아한다 고 해서 붙여진 이름이다.
참치말이 김초밥 **鉄火巻き** てっ か ま 텟카마키	鉄火(텟카)는 빨갛게 단 쇠로 참치 색이 빨갛다 고 해서 붙여진 이름이다.

김밥처럼 안에 タマゴ(타마고:달걀)・キュウリ(큐:리:오이)・カンピョウ(칸표-:박고지)가 들어 있다. 가게에서 직접 먹기보단 대부분 도시락 포장으로 먹는다.

군함말이
軍艦巻き
ぐん かん ま
군칸마키

軍艦(군칸)은 전투함인 군함을 뜻하는데 김밥 모양이 옆에서 보면 군함을 닮았다고 하여 붙여진 이름이다.

김 **のり** 노리
연어알 **いくら** 이쿠라
성게 **うに** 우니
샐러드 **サラダ** 사라다

주요 초밥 재료

초밥의 サバ(사바)는 식초에 저린 고등어 シメサバ(시메사바)가 나온다.

참치 붉은살	참치뱃살	붕장어	고등어	광어
赤身 あか み 아카미	**トロ** 토로	**アナゴ** 아나고	**サバ** 사바	**ヒラメ** 히라메

삼치	전어	갯장어	연어		방어	돔
サワラ 사와라	**コハダ** 코하다	**ハモ** 하모	**サーモン** 사-몬		**ブリ** 부리	**タイ** 타이

오징어	문어	가리비	새우	방어 새끼	구운 돼지고기
イカ 이카	**タコ** 타코	**ホタテ** 호타테	**エビ** 에비	**ハマチ** 하마치	**豚のあぶり** ぶた 부타노아부리

10 나베 요리 鍋料理 나베 료-리

냄비 鍋 나베	국자 お玉 오타마	앞접시 取り皿 토리자라

나베 재료

표고버섯 シイタケ 시이타케	배추 白菜 하쿠사이	쑥갓 春菊 슌기쿠	파 ネギ 네기
아구 あんこう 앙코-	굴 カキ 카키	대구 タラ 타라	당근 ニンジン 닌징

익었어요?
煮えました？
니에마시타

이제 먹어도 돼요?
もう食べてもいいですか？
모- 타베테모 이-데스카

잘 먹겠습니다.
いただきます。
이타다키마스

밥 ご飯 고항	죽 雑炊 조-스이	우동 うどん 우동

나베 소스

맛간장 つゆ 쯔유	무즙 大根おろし 다이콩 오로시

붉은색 무즙
もみじおろし
모미지 오로시

もみじ(모미지:단풍)처럼 붉은 빛이 도는 소스. 大根(다이콩:무)에 唐辛子(토-가라시:고추)나 ニンジン(닌징:당근)을 갈아 넣은 것. 일본 고추는 초록색이 아니라 붉은색.

110

나베 종류

일본식 소고기 전골
すき焼き
스키야키

간장과 설탕 육수가 베이스. 얇게 썬 소고기와 곤약, 파 등을 간장과 설탕으로 양념하여 야채와 함께 끓여 먹는다.
고기와 야채가 익으면 날달걀을 풀어 찍어 먹는 것이 특징.

구운 두부	실곤약	소고기	파	날달걀
焼き豆腐	**しらたき**	**牛肉**	**ネギ**	**生卵**
야키 도-후	시라타키	규-니쿠	네기	나마 타마고

날달걀을 잘 저어서 소스로 이용.

샤부샤부
しゃぶしゃぶ
샤부샤부

얇게 썬 소고기와 야채를 간장 육수에 살짝 익혀서 소스에 찍어 먹는 요리.

폰즈 소스	깨 소스
ポン酢だれ	**胡麻だれ**
폰즈다레	고마다레

간장을 기본으로 만든 소스에 감귤즙을 섞은 것.

일본식 닭백숙
水炊き
미즈타키

우리나라 백숙과 비슷한 맑은 국물의 닭고기 요리.

닭고기
鶏肉
토리니쿠

일본식 모듬나베
寄せ鍋
요세나베

얇게 썬 소고기, 생선, 야채를 잘게 썰어 맑은 국물에 넣어 끓이면서 먹는 요리.
뭐든 넣어도 되는 것이 특징.

두부전골
湯豆腐
유도-후

두부가 메인인 전골. 교토가 유명.

11 라면 ラーメン 라-멘

준비하다 입국·출국하다 이동하다 걷다 자다 먹다 즐기다 사다 해결하다 교류하다

라면 종류

어떤 맛으로 하시겠어요?
何にしますか？
나니니 시마스카

간장 라면
しょうゆラーメン
쇼-유 라멘

된장맛 라면
みそラーメン
미소 라-멘

소금맛 라면
塩ラーメン
시오 라-멘

소금버터 라면
塩バターラーメン
시오바타- 라-멘

사골육수 라면
とんこつラーメン
톤코츠 라-멘

돼지뼈 우린 육수를 베이스로 한 라면.

쯔케멘
つけめん
쯔케멘

자루소바처럼 찍어 먹는 라면.

탄탄면 (매운 라면)
坦々麺
탄탄멘

중국 쓰촨 성에서 생겨나 일본, 싱가포르, 우리나라 등에서 사랑받는 면. 일본식 탄탄면은 고소하고 매운맛이 나는 것이 특징.

+

을/를 주세요.
を ください。
오 쿠다사이

냉라면
冷やし中華
히야시 츄-카

지단
錦糸卵
킨시 타마고

오이
きゅうり
큐-리

숙주
もやし
모야시

햄
ハム
하무

토마토
トマト
토마토

＜소스＞

깨 소스
胡麻だれ
고마다레

간장 소스
醤油だれ
쇼-유다레

라면 세트 메뉴

라면 + 군만두	라면 + 중국식 볶음밥
ラーメン + 餃子	**ラーメン + チャーハン**
라-멘　　 교-자	라-멘　　 차-항

라면 토핑

~토핑 부탁드립니다.	숙주
〜のトッピング、お願いします。	**もやし**
노 톳핑구 오네가이시마스	모야시

채썬 파	차슈	콘
ネギ	**チャーシュー**	**コーン**
네기	차-슈-	코-온

버터	죽순을 유산 발효시킨 가공식품
バター	**メンマ・しなちく**
바타	멘마　　 시나치쿠

면

꼬불꼬불한 면	두꺼운 면
チヂレ麺	**太麺**
치지레멘	후토멘

반듯한 면	얇은 면
ストレート麺	**細麺**
스토레-토멘	호소멘

추가	면사리 추가
追加	**替え玉**
쯔이카	카에다마

12 덮밥·중국요리 丼_동·中華料理 츄-카 료-리

가정집 백반 느낌의 대중식당(大衆食堂:たいしゅうしょくどう:타이슈- 쇼쿠도-)에 가면 다양한
덮밥을 즐길 수 있다.

덮밥

덮밥	홍생강		달걀물
丼 동·돈부리	紅ショウガ 베니쇼-가		卵とじ 타마고 토지	끓는 국물에 달걀을 천천히 풀어서 하는 요리법.

소고기덮밥		날달걀 주세요.
牛丼 규-동	기호에 따라 날달걀을 밥 위에 얹어 먹기도 하고 그냥 먹기도 한다.	生卵、ください。 나마타마고 쿠다사이

닭고기달걀덮밥		돈가스덮밥
親子丼 오야코동		カツ丼 카츠동

달콤짭짤하게 조린 닭고기에 달걀을 풀어 익혀 밥 위에
얹은 것. 親(오야:부모-닭고기)와 子(코:아이-달걀)가 들어
가 있어서 親子丼이라는 이름을 붙인 것.

돈가스와 양파 등에 간장을 넣어 졸인 다음
달걀을 풀어 얹은 요리.

돼지고기, 소고기덮밥	돼지고기덮밥	
他人丼 타닌동	豚丼 부타동	
닭고기달걀덮밥의 닭고기를 돼지고 기나 소고기로 바꾼 것.		

등심돈가스덮밥		튀김덮밥
ヒレカツ丼 히레카츠동		天丼 텐동
지방이 적고 부드러운 등심을 튀긴 것.		エビ(에비:새우), ナス(나스:가지) 등의 튀김을 올린 튀김덮밥.

회덮밥

刺身丼
사시미동

여러 종류의 刺身(사시미:회)가 올려진 것과 특정한 사시미 하나만 올려진 것이
있다. うに(우니:성게)가 올려지면 うに丼(우니동), いくら(이쿠라:연어알)가
올려지면 いくら丼(이쿠라동), マグロ(마구로:참치)가 올려지면 マグロ丼(마구
로동)이라고 한다.

해산물덮밥 **海鮮丼** かい せん どん 카이센동	어패류의 회를 밥에 얹은 것. 고추냉이를 넣은 간장을 뿌려 먹는다.	참치덮밥 **ネギトロ丼** どん 네기토로동	다진 참치와 파를 섞어서 밥에 올린다.	연어알덮밥 **イクラ丼** どん 이쿠라동

찬합덮밥

찬합, 찬합덮밥 **お重** じゅう 오주-	히츠마부시 **ひつまぶし** 히츠마부시	나고야의 유명한 장어덮밥. 	보통 **並** なみ 나미	고급 **上** じょう 죠-	특상 **特上** とく じょう 토쿠죠-
장어덮밥 **うな重** じゅう 우나쥬-	うなぎ(우나기:장어)를 올린 덮밥만 うな丼 (우나동)이라고 하지 않고 うな重(우나쥬-) 라고 한다.	송 (소나무) **松** まつ 마츠	죽 (대나무) **竹** たけ 타케	매 (매실) **梅** うめ 우메

중국요리

탕수육 **酢豚** す ぶた 스부타		마파두부 **マーボー豆腐** どう ふ 마보-도-후	
칠리새우 **エビチリ** 에비치리		팔보채 **八宝菜** はっ ぽう さい 핫뽀-사이	춘권 **春巻き** はる ま 하루마키

중국집

교자노오쇼 **餃子の王将** ぎょう ざ おう しょう 교-자노 오-쇼-	바미얀 **バーミヤン** 바-미얀	고라쿠엔 **後楽園** こう らく えん 코-라쿠엔

12 덮밥 · 중국요리

13 메밀국수·우동 そば소바 · うどん우동

보통 並_なみ 나미	곱빼기 大盛_{おお}り_も 오-모리	냉~ 冷_ひやし~ 히야시	숟가락 れんげ 렌게

소스와 소스에 곁들여 먹는 것

조림간장 **つゆ** 쯔유	무즙 **おろし** 오로시	무를 간 것. 大根(だいこん:다이콩:무)おろし를 줄여서 おろし라고 한다. 	향신료 고춧가루 七味唐辛子_{しちみ とう がら し} 시치미 토-가라시	따뜻한 소바 위에 뿌려 먹는 향신료 고 춧가루.
냉메밀국수를 찍어 먹는 소스. 가츠오부시로 국물을 내고 달짝지근한 간장을 넣어 끓여 만든다.	생강즙 **おろしショウガ** 오로시 쇼-가	생강을 간 것.	파 **ネギ** 네기	고추냉이 **わさび** 와사비

메밀국수 · 우동 메뉴

냉메밀국수
盛_もりそば
모리소바

つゆ(쯔유)에 찍어 먹는 기본적인 냉메밀국수.

판메밀국수
ざるそば
자루소바

대나무 채반 위에 올린 냉메밀국수에 채 썬 김을 올리는 것. つゆ(쯔유)에 찍어 먹는 것은 모리소바와 같다.

김
のり
노리

가마아게우동
釜揚_{かま あ}げうどん
카마아게우동

데친 우동을 따뜻한 국물에 담가 먹는 우동. 우동을 데친 솥 그대로 나온다고 하여 釜揚げ(가마아게)라고 한다. 소스는 つゆ(쯔유).

냄비우동
鍋焼_{なべ や}きうどん
나베야키우동

1인용 냄비에 여러 가지 재료와 우동을 삶은 것.

온

かけ

카케

잔치국수 같은 느낌으로 나오는
온메밀국수(우동). 토핑 없이 나
오는 기본적인 온메밀국수(우동)
를 말한다.

튀김

天ぷら
<ruby>天<rt>てん</rt></ruby>ぷら

텐뿌라

가케소바(우동) 위에 튀김이 얹어 나오는
것. 차가운 것과 따뜻
한 것이 있다.

메밀국수

そば

소바

+

우동

うどん

우동

너구리

たぬき

타누키

따뜻한 가케소바(우동)
위에 튀김부스러기가 올
라간 것. たぬき(너구
리)가 튀김부스러기를
좋아하는 것에서 붙여
진 이름. 차가운 것은 冷
(ひ)やしたぬき(히야
시 타누키)라고
한다.

여우

きつね

키츠네

따뜻한 가케소바(우동) 위에 유부가 올라간 것. きつ
ね(여우)가 유부를 좋아하는 것에서 붙여진 이름.
차가운 것은 冷(ひ)やしきつね(히야시 키츠네)라고
한다.

튀김부스러기

揚げ玉
<ruby>揚<rt>あ</rt></ruby>げ<ruby>玉<rt>だま</rt></ruby>

아게다마

튀김가루만으로
튀긴 것.

유부

油揚げ
<ruby>油<rt>あぶら</rt></ruby><ruby>揚<rt>あ</rt></ruby>げ

아부라 아게

쯔키미

月見
<ruby>月<rt>つき</rt></ruby><ruby>見<rt>み</rt></ruby>

쯔키미

따뜻한 가케소바(우동)
에 날달걀을 올린 것.
날달걀이 보름달 같다
는 것에 달구경이란
뜻의 月見(쯔키미)라는
이름이 붙었다. 낭만적
인 이름의 메밀국수^^

산나물

山菜
<ruby>山<rt>さん</rt></ruby><ruby>菜<rt>さい</rt></ruby>

산사이

따뜻한 가케소바(우동)에 산나
물을 올린 것.

마메밀

とろろ

토로로

따뜻한 가케소바(우동) 위에
마를 갈아서 올린 것.

소고기

肉
<ruby>肉<rt>にく</rt></ruby>

니쿠

가케소바(우동)에 소고기를
올린 우동.

닭고기

かしわ

카시와

가케소바(우동)에 닭고기를
올린 우동.

준비하다
입국·출국하다
이동하다
걷다
자다
먹다
즐기다
사다
해결하다
교류하다

14 오코노미야키 お好み焼き 오코노미야키

오코노미야키

오코노미야키
お好み焼き
오코노미야키

부침개처럼 밀가루에 달걀, 양배추를 넣고 물로 반죽하여 철판에 동그랗게 구운 것. お好み(오코노미:기호) + 焼き(야키:구움)라는 뜻으로 어패류나 고기 등을 기호에 맞게 골라서 넣어 구워 먹는다고 하여 お好み焼き라고 한다.

오사카풍 大阪風 오-사카 후-	히로시마풍 広島風 히로시마 후-	몬자야키 もんじゃ焼き 몬쟈야키
가장 일반적인 오코노미야키를 말한다.	히로시마 특산 음식으로 양배추와 焼きそば(야키소바:메밀국수가 아니라 라면과 비슷한 면), うどん(우동) 면이 들어가는 것이 특징이다.	도쿄식 오코노미야키로, 보통 오코노미야키보다 물기가 많은 것이 특징이다. 浅草(あさくさ:아사쿠사)가 유명하다.

주재료

돼지고기 豚肉 부타니쿠	→	돼지고기 야키소바 豚玉 부타타마
오징어 イカ 이카	→	오징어 야키소바 イカ玉 이카타마
새우 エビ 에비	→	새우 야키소바 エビ玉 에비타마
믹스 ミックス 믹쿠스	→	믹스 ミックス 믹쿠스

주세요.
ください。
쿠다사이

토핑

오코노미야키 소스 **お好み焼きソース** 오코노미야키 소-스	
마요네즈 **マヨネーズ** 마요네-즈	파래가루 **青のり** 아오노리
가다랑어포 **かつおぶし · おかか** 카스오부시 ⋅ 오카카	

118

직접 구울 때

어떻게 구우면 되나요?

どうやって 焼けば いいですか。

도-얏테 야케바 이-데스카

오코노미야키는 점원이 구워 주는 경우도 있지만 기본적으로는 손님이 직접 굽는다. 다 구워지면 소스, 마요네즈를 뿌려 먹는다.

반죽

밀가루 小麦粉 코무기코	달걀 卵 타마고	숙주 もやし 모야시	선택 사항이지만 아삭아삭한 식감이 좋아 넣는 것을 추천.	양배추 キャベツ 캬베츠

마 山芋 야마이모	とろろ芋(토토로이모)는 마를 갈아 놓은 것.	튀김부스러기 てんかす·揚げ玉 텐카스 아게다마	홍생강 紅ショウガ 베니쇼-가	생강을 얇게 썰어서 설탕을 넣은 식초에 담근 것.

솔 油引き 아부라히키	오코노미야키를 굽기 전에 솔로 철판에 식용유를 바른다.

뒤집개 へら 헤라	앞접시 小皿 코자라

구워 주실 수 있으세요?

焼いて もらえませんか？

야이테 모라에마셍카

슬슬 뒤집으면 되나요?

そろそろ ひっくり返したら いいですか？

소로소로 힛쿠리카에시타라 이-데스카

15 야키니쿠·야키토리 焼肉 야키니쿠 · 焼き鳥 야키토리

야키니쿠

구운 고기
焼肉
야키니쿠

야키니쿠는 焼(야키:구이) + 肉(니쿠:고기)로 고기, 특히 소고기를 부위별로 석쇠에 구워 먹는다. 야키니쿠를 파는 가게는 焼肉屋(やきにくや:야키니쿠야)라고 한다.

숯불구이
炭火焼き
스미비 야키

집게	간장 소스
トング	**たれ**
통구	타레

갈비	상갈비
カルビ	**上カルビ**
카루비	죠- 카루비

뼈갈비	특상갈비
骨付きカルビ	**特上カルビ**
호네쯔키 카루비	토쿠죠- 카루비

양념갈비
味付けカルビ
아지쯔케 카루비

즐겨 찾는 소고기구이 메뉴

간	심장	안심
レバー	**ハツ**	**ヒレ**
레바-	하츠	히레

소 **牛** 규-	소 혀 소금구이 **タン塩** 탄시오 보통 처음에 주문해서 먹는 경우가 많다.	로스 **ロース** 로-스	천엽 **センマイ** 센마이

곱창	안창살	갈매기살	설깃살
ホルモン	**ハラミ**	**サガリ**	**モモ肉**
호루몬	하라미 소 동 쪽에 있는 횡경막 부분.	사가리 소 갈비뼈 쪽에 있는 횡경막 부분.	모모니쿠 뒷다리 엉덩이 부분.

소의 첫 번째 위	오돌뼈, 연골	자궁
ミノ	**なんこつ**	**コブクロ**
미노	난고츠	코부쿠로

120

즐겨 먹는 돼지고기구이 메뉴

돼지 豚 ぶた 부타	삼겹살 バラ肉 にく 바라니쿠	목살, 목심, 어깨 고기 かた肉 にく 카타니쿠	목살 로스 かたロース 카타로-스	안심 ヒレ 히레
넓적다리살 もも肉 にく 모모니쿠	돼지의 소장, 대장 シロ 시로	돼지의 위 ガツ 가츠	돼지의 직장 テッポー 텟뽀-	

닭꼬치

꼬치 串 くし 쿠시	넓적다리나 다리살과 파 ねぎま 네기마		닭고기 완자 つくね 쯔쿠네	닭 가슴살 ささみ 사사미
닭 날개 手羽 てば 테바	닭 껍질 皮 かわ 카와	닭 목살 (목 부분) 小肉 こにく 코니쿠	심장 はつ 하츠	넓적다리 もも 모모
닭 모래주머니 砂肝 すなぎも 스나기모	가슴 연골 胸ナンコツ むね 무네 난코츠	꼬리 부위 ぼんじり 본지리	베이컨 버섯말이 えのき巻き まき 에노키마키	

닭꼬치 친구

파 ねぎ 네기	은행 銀杏 ぎん なん 깅난	표고버섯 しいたけ 시이타케	새우 エビ 에비	열빙어 ししゃも 시샤모	가리비 ホタテ 호타테

16 패밀리 레스토랑

준비하다
묵 숙박하다
이동하다
걷다
자다
먹다
즐기다
사다
해결하다
교류하다

메뉴 종류

오늘의 런치 **日替わりランチ** 히가와리 란치	드링크바 **ドリンクバー** 도링쿠바-	면류 **麺類** 멘루이	밥 종류 **ご飯もの** 고항모노
단품 메뉴 **単品メニュー** 탄삥 메뉴-	덮밥 종류 **どんぶりもの** 돈부리 모노	디저트 **デザート・スイーツ** 데자-토　스이-츠	
양식 세트 **洋食セット** 요-쇼쿠 셋토	일식 세트 **和食セット** 와쇼쿠 셋토	스낵 세트 **スナックセット** 스낙쿠 셋토	
양식 세트를 주문하면 パン (빵:빵)과 スープ(스-푸:수프)가 나온다.	**일식 세트**를 주문하면 ご飯(고항: 밥)과 味噌汁(미소시루:된장국) 가 나온다.	**스낵 세트**를 주문하면 サラダ(사라 다:샐러드)와 スープ(스-푸:수프)가 나온다.	

일본의 패밀리 레스토랑은 한국과는 달리 저렴한 가격에 다양한 메뉴를 즐길 수 있다.

어린이 메뉴

어린이
お子様
오코사마

+

런치 **ランチ** 란치	라면 **ラーメン** 라-멘	카레 **カレー** 카레-

메인 메뉴

하야시라이스 **ハヤシライス** 하야시 라이스	오므라이스 **オムライス** 오무라이스	새우튀김 카레 **エビフライカレー** 에비 후라이 카레-
볶음밥 **チャーハン** 챠-항	카레라이스 **カレーライス** 카레-라이스	스테이크 **ステーキ** 스테-키

ファミリーレストラン（ファミレス） 화미리-레스토랑 (화미레스)

（치킨）스테이크 **（チキン）ステーキ** (치킨) 스테-키	크림 스튜 **クリームシチュー** 쿠리-무 시츄-	비프 스튜 **ビーフシチュー** 비-후 시츄-
햄버그 스테이크 **ハンバーグ** 함바-구	멘치가스 **メンチカツ** 멘치카츠	돈가스 **トンカツ** 톤카츠
고등어구이 **焼きサバ** 야키사바	양배추말이 **ロールキャベツ** 로-루 캬베츠	닭튀김 **鳥の から揚げ** 토리노 카라아게
난방아게 달콤새콤한 소 **南蛮あげ** 스로 만든 닭튀 난방아게 김.	크로켓 **コロッケ** 코록케	새우튀김 **エビフライ** 에비 후라이

먹다

16 패밀리 레스토랑

주문

주문은 뭘로 하시겠어요?
ご注文は 何に なさいますか？
고츄-몽와 나니니 나사이마스카

음식을 주문할 때는 메인 메뉴만 주문할 수도 있고, 밥이나 빵을 세트로 주문할 수도 있다.

햄버그 스테이크 일식 세트, 부탁해요.
ハンバーグ 和食セット、お願いします。
함바-구 와쇼쿠 셋토 오네가이시마스

빵과 밥 **パンとご飯** 팡토 고항	수프는 **スープは** 스-푸와
샐러드 드레싱은 **サラダの ドレッシングは** 사라다노 도렛싱구와	

+

무엇으로 하시겠어요?
何に なさいますか？
나니니 나사이마스카

123

햄버그 스테이크만 주세요.
ハンバーグステーキだけ、お願いします。
함바-구 스테-키다케 오네가이시마스

드링크바 3개, 부탁해요.
ドリンクバー 三つ、お願いします。
도링쿠바- 밋츠 오네가이시마스

서브 메뉴

감자튀김	감자 샐러드	야채 샐러드
フライドポテト	**ポテトサラダ**	**野菜サラダ**
후라이도 포테토	포테토 사라다	야사이 사라다

비엔나 소시지	만두	삼각김밥
ウィンナー	**餃子**	**おにぎり**
윈나-	교-자	오니기리

디저트

아이스크림	파르페	푸딩
アイスクリーム	**パフェ**	**プリン**
아이스쿠리-무	파훼	푸링

계산

계산	계산	같이	따로따로
会計	**計算**	**一緒で**	**別々で**
카이케-	케-산	잇쇼데	베츠베츠데

+

부탁드립니다.
お願いします。
오네가이시마스

17 편의점 コンビニ 콤비니

삼각김밥

이거, 데워 주세요.
これ、温めてください。
코레 아타타메테 쿠다사이

삼각김밥
おにぎり · お握り
오니기리

주먹밥
おむすび · おむす
오무스비   오무스

~마요네즈 · ~마요
～マヨネーズ · ～マヨ
마요네-즈   마요

구운~
焼き · 焼~
야키

~간장맛(절임)
～醬油漬け
쇼-유 즈케

생~
生~
나마

일본식~
和風~
와후-

홍생강~
紅~
베니

참깨~
胡麻~
고마

소금~
塩~
시오

~밥
～ご飯
고항

생강~
生姜~
쇼-가

紅生姜(べにしょうが:베니쇼-가)를 줄인 말로, 매실초에 넣어서 절인 빨간색 생강.

~볶음밥
～チャーハン
챠-항

굵은 알갱이~
大粒~
오-츠부

큰(King)~
キング~
킹구

소금 주먹밥   맨밥에 소금으로 간을 한
순수 주먹밥.
塩むすび
시오 무스비

미역 삼각김밥
わかめおにぎり
와카메 오니기리

(히타카) 다시마
(日高) 昆布
(히타카) 콘부

日高(히타카) 지방이
昆布(콘부:다시마)로 유명.

가다랑어포 치즈 주먹밥
チーズおかか
치-즈 오카카

준비하다
입국·출국하다
이동하다
걷다
자다
먹다
즐기다
사다
해결하다
교류하다

닭고기 야채밥	차슈 주먹밥	돼지 넓적다리나 등살을
鶏五目 とり　ご　もく 토리 고모쿠 닭고기와 5가지 야채를 넣어 지은 밥.	**チャーシューおむす** 챠-슈- 오무스	술과 향신료를 넣은 간장에 절여서 구운 중국식 돼지고기 구이.

돼지고기 구이 볶음밥	소고기 스테이크	달인 간장 볶음밥
焼豚チャーハン やき　ぶた　ちゃ-항 야키부타 챠-항	**牛ステーキ** ぎゅう　스테-키 규- 스테-키	**焦がし醤油チャーハン** こ　　　しょうゆ　ちゃ-항 코가시 쇼-유 챠-항 달인 간장으로 맛을 낸 볶음밥.

(기슈) 매실	시루에 찐 찰밥
(紀州)梅干 き　しゅう　うめ　ぼし (키슈-) 우메보시 紀州(기슈) 지방이 梅干 (우메보시:매실)로 유명.	**赤飯・おこわ** せき　はん 세키항　오코와 赤飯(세키항)은 찰밥, おこわ(오코와)는 찹쌀이나 맵쌀을 물에 불려서 시루에 찐 밥을 말한다.

연어	조림한 연어	연어
サケ・さけ・鮭 さけ 사케　강에서 난 것. 굽거나 조리 등 요리하는 용도의 연어.	**しゃけ** 샤케	**サーモン** 사-몬 바다에서 양식한 것. 초밥, 샐러드 등 생으로 먹는 연어.

(시소우메) 양념 연어알 간장맛
(しそうめ) すじこ醤油漬け   しょう　ゆ　づ   (시소우메) 스지코 쇼-유즈케   すじこ(스지코)는 연어알을 간장에 절인 것으로 しそうめ(시소우메) 지방이 유명.

연어알	연어 마요네즈맛	참깨 연어
イクラ 이쿠라	**サーモンマヨネーズ** 사-몬 마요네-즈	**胡麻サケ** ご　ま 고마 사케

홍연어	은연어	큰 연어 뱃살
紅サケ べに 베니 사케	**銀鮭** ぎん　ざけ 긴자케	**キングサーモンはらみ** 킹구 사-몬 하라미

참치 **マグロ · 鮪** _{まぐろ} 마구로	참치 or 통조림 참치 **ツナ** 쯔나

통조림 참치 **シーチキン** 시-치킨	일본의 통조림 회사 はごろもフーズ (하고로모 후-즈)의 상품명. 참치를 가 다랑어와 함께 조미한 것. 바다(シー: 시-:sea)의 치킨(チキン:치킨:닭)이 라는 뜻에서 붙여진 이름.	참치 마요네즈맛 **ツナマヨネーズ** 쯔나 마요네-즈

(일본식) 명태알 **たらこ · 鱈子** _{たら こ} 타라코	(한국식) 명태알 **明太子** _{めん たい こ} 멘타이코	(한국식) 명란젓 **辛子明太子** _{から し めん たい こ} 카라시 멘타이코

데워 드릴까요? **温めますか？** _{あたた} 아타타메 마스카	→	네, 데워 주세요. **はい、お願いします。** 하이 오네가이시마스

그대로 주시면 돼요.
そのままでいいです。
소노 마마데 이-데스

명태의 알을 일본식으
로 부르면 鱈子(타라
코), 한국식으로 부르
면 明太子(멘타이코),
소금으로 절인 것을
辛子明太子(카라시
멘타이코)라고 한다.

편의점 도시락 메뉴는 일반 음식점
정식 메뉴와 비슷하다. (102쪽 참고)

편의점 도시락

일반 도시락 **幕の内弁当** _{まく うち べん とう} 마쿠노 우치 벤토-	여러 가지 반찬이 담겨 있는 일반적인 도시락.	숯불구이 소고기 도시락 **炭火焼牛カルビ弁当** _{すみ び やき ぎゅう べん とう} 스미비 야키 규- 카루비 벤토-	숯불에 구운 소고기 도시락.
파 소금 돼지갈비 도시락 **ネギ塩豚カルビ弁当** _{しお ぶた べん とう} 네기 시오 부타 카루비 벤토	파와 소금 을 넣어 구운 갈비 도시락.	생강돼지불고기 도시락 **しょうが焼き弁当** _{や べん とう} 쇼-가 야키 벤토-	돼지고기에 생강을 넣어 간장 양념하여 볶은 것.

127

오므라이스 & 햄버그 스테이크	타르타르소스 치킨
オムライス＆ハンバーグ	**タルタルソースの チキン南蛮**
오무라이스　함바-구	타루타루소-스노 치킨 난방
	타르타르 소스(Tartar Sauce)를 뿌린 치킨.

컵라면

컵라면	면	탄탄면	중국 쓰촨 성에서 생겨나 일본, 싱가포르, 우리나라 등에서 사랑받는 면. 일본식 탄탄면은 고소하고 매운 맛이 특징.
カップラーメン・らーめん	**麺**	**坦々麺**	
캅푸라-멘　라-멘	멘	탄탄멘	

컵누들	된장	국물	~의 일품
カップヌードル	**みそ・味噌**	**～だし**	**～の逸品**
캅푸누-도루	미소	다시	노 잇삥

챠루메라 컵라면 (소금맛)	포장마차에서 라면을 전문으로 파는 챠루메라 아저씨 캐릭터를 내건 라면.	사골육수맛
チャルメラ カップ塩		**とんこつ・トンコツ**
챠루메라 캅푸 시오		톤코츠

간장	시푸드	지중해
しょうゆ・醤油	**シーフード**	**地中海**
쇼-유	시-후-도	치츄-카이

옥수수	김치	카레	돼지고기 김치
とうもろこし	**キムチ**	**カレー**	**豚キムチ**
토-모로코시	키무치	카레-	부타 키무치

파	토마토	멸치 국물	파 된장
ねぎ	**トマト**	**煮干だし** 	**ネギ味噌**
네기	토마토	니보시 다시	네기 미소

128

과자

새우깡 **かっぱえびせん** 캇빠 에비센	빼빼로 **ポッキー** 폭키-	초코파이 **チョコパイ** 쵸코파이	포타포타야키 **ぽたぽた焼き** 포타포타야키
포테토칩 **ポテトチップス** 포테토 칩푸스	초코송이 **きのこの山** 키노코노 야마	감씨과자 **柿の種** 카키노 타네	감의 씨모양으로 생긴 간장맛 과자.
자가비 감자 본연의 맛을 잘 살린 감자칩. **ジャガビー・Jagabee** 쟈가비-	쌀과자 눈처럼 겉에 흰 설탕이 묻은 쌀과자. **雪の宿** 유키노 야도	우마이봉 **うまい棒** 우마이 보-	타코야키(다코야키), 멘타이코(명란), 치즈(치즈), 코-온포타-지ュ(콘버터) 등 50개 맛이 있다.

간장맛을 기본으로 한 일본 대표 센베이 과자.

양갱 **ようかん** 요-칸	모나카 **もなか** 모나카	도라야키 **どら焼き** 도라야키	찹쌀떡 **大福** 다이후쿠
만주 **饅頭** 만쥬-	생과자 **生菓子** 나마가시	센베이 **せんべい** 센베-	껌 **ガム** 가무

자일리톨 껌은 **キシリトール**(키시리토-루)라고 한다.

겨울철 별미

오뎅 **おでん** 오뎅	일본에서 오뎅은 어묵은 물론 달걀, 곤약, 무등을 다 포함한 말	사츠마아게·히라텐 (어묵) **さつま揚げ・平天** 사츠마아게 히라텐	치쿠와 **ちくわ** 치쿠와	길죽한 모양의 가운데 구멍이 뚫린 구운 어묵.

삶은 달걀 **(ゆで)玉子** (유데)타마고	곤약 **こんにゃく** 콘냐쿠	무 **大根** 다이콩	팥 찐빵 **あんまん** 안망	고기 찐빵 **肉まん** 니쿠망

18 커피숍 カフェ 카훼

커피 메뉴

따뜻한 커피 **ホットコーヒー** 홋토 코-히-	아이스커피 **アイスコーヒー** 아이스 코-히-	블렌드 커피 **ブレンドコーヒー** 부렌도 코-히-

아메리카노 (hot / ice) **アメリカーノ・アメリカン** 아메리카-노 아메리칸	드립 커피 (오늘의 커피) **ドリップコーヒー** 도립푸 코-히-

카푸치노 (hot) **カプチーノ** 카푸치-노	카페모카 (hot / ice) **カフェモカ** 카훼모카	바닐라라테 **バニララテ** 바니라라테

카페라테 (hot / ice) **カフェラテ** 카훼라테 에스프레소에 우유를 넣은 것.	녹차라테 **抹茶ラテ** 맛챠라테	캐러멜라테 **キャラメルラテ** 캬라메루라테

캐러멜 마키아토 (hot / ice) **キャラメルマキアト** 캬라메루 마키아토	에스프레소 **エスプレッソ** 에스푸렛소

코코아 **ココア** 코코아	우유 **牛乳** 규-뉴-	밀크 **ミルク** 미루쿠	카페 미스트 (hot) **カフェミスト** 카훼 미스토 드립 커피에 우유를 넣은 것.

아이스티 **アイスティー** 아이스티-	밀크티 **ミルクティー** 미루쿠티-	레몬티 **レモンティー** 레몬티-

딸기 스무디 **ストロベリースムージー** 스토로베리- 스무-지-	소프트 크림 **ソフトクリーム** 소후토 쿠리-무	
오렌지 주스 **オレンジジュース** 오렌지 쥬-스	사과 주스 **アップルジュース** 앗푸루 쥬-스	콜라 **コーラ** 코-라

사이다 **サイダー** 사이다-	멜론 소다 **メロンソーダ** 메론 소-다	크림 소다 **クリームソーダ** 쿠리-무 소-다	플로트 **フロート** 후로-토 생크림·아이스크림 등을 띄운 냉음료. 탄산의 경우 는 クリームソーダ(쿠 리-무 소-다)라고 한다.

먹
다

18
커
피
숍

주문

주문하시겠어요? **ご注文はお決まりでしょうか？** 고츄-몽와 오키마리데쇼-카	→	커피 하나 주세요. **コーヒーを一つください。** 코-히-오 히토츠 쿠다사이

차가운 걸로 드릴까요? 따뜻한 걸로 드릴까요?
アイスですか？ ホットですか？
아이스데스카　　　홋토데스카

↓

따뜻한 걸로 (부탁해요). **ホットで(お願いします)。** 홋토데 (오네가이시마스)	차가운 걸로 (부탁해요). **アイスで(お願いします)。** 아이스데 (오네가이시마스)

사이즈

사이즈는요? (어떻게 하시겠어요?)

サイズは?(どのように なさいますか?)

사이즈와 (도노요우니 나사이마스카)

↓

쇼트 사이즈로 (부탁해요).

ショートで (お願いします)。

쇼-토데 (오네가이시마스)

머그잔에 괜찮으세요?	가져갈 수 있게 해 주세요.
マグカップで よろしいですか?	→ **持ち帰りようで お願いします。**
마구캅푸데 요로시-데스카	모치카에리요우데 오네가이시마스

쇼트 (short)
ショート
쇼-토

톨 (tall)
トール
토-루

그랑데 (grande)
グランデ
구란데

샷 (shot)
ショット
숏토

테이크아웃

매장에서 드실 건가요? 가져가실 건가요?

店内で お召し上がりですか? お持ち帰りですか?

텐나이데 오메시아가리데스카   오모치카에리데스카

↓

매장에서요.	가져갈 거예요.
店内で。	**持ち帰りです。(テイクアウトです。)**
텐나이데	모치카에리데스 (테이쿠아우토데스)

컵홀더	빨대	시럽
カップスリーブ	**ストロー**	**シロップ**
캅푸 스리-부	스토로-	시롭푸

132

19 술 お酒 오사케

집에서 마시는 술

역시, 목욕하고 나서 마시는 맥주는 최고예요.

やっぱり、お風呂上がりのビールは、
最高ですねぇ～！！

얏빠리 오후로 아가리노 비-루와 사이코-데스네

건배!
乾杯！
캄빠이

술 お酒 오사케	이자카야 居酒屋 이자카야	안주 おつまみ 오츠마미	손으로 집어 먹는 가벼운 안주를 말한다.	술안주 酒の肴 사케노 사카나

술 종류

맥주 ビール 비-루	병맥주 瓶ビール 빙비-루	생맥주 生ビール 나마비-루	캔맥주 缶ビール 캉비-루	소주 焼酎 쇼-츄-
와인 ワイン 와인	위스키 ウィスキー 위스키-	정종 日本酒 니홍슈	발포주 発泡酒 핫포-슈	소주를 물로 희석한 것.

매실주 梅酒 우메슈	지방술 地酒 지자케	지방맥주 地ビール 지비-루	노알코올 アルコールフリー・ノンアルコール 아루코-루 후리-　논아루코-루

저는 술을 못 마시니까 노알코올로.
私はアルコールだめだから、アルコールフリーで。
와타시와 아루코-루 다메다카라 아루코-루 후리-데

준비하다
입국·출국하다
이동하다
걷다
자다
먹다
즐기다
사다
해결하다
교류하다

일본술

따뜻하게 데운 정종
熱燗
あつ かん
아츠캉

차가운 정종
冷酒
れい しゅ
레-슈

호리병 모양의 술병
とっくり
톳쿠리

술잔
お猪口
ちょ こ
오쵸코

히레자케
ひれ酒
ざけ
히레자케

ひれ(히레:지느러 미)는 보통 ふぐ(후 구:복어)의 지느러 미를 사용한다.

위스키나 소주를 즐기는 다양한 방법

사워
サワー
사와-

하이
ハイ
하이

증류주(위스키나 소주 등)를 감귤 계통의 음 료로 희석한 것.

소주를 물 이외의 다른 것으로 희석 한 것.

스트레이트
ストレート
스트레-토

위스키나 소주 아무것 도 넣지 않고 그대로 마 시는 것.

록
위스키나 소주에 얼음을 넣은 것.
ロック
록쿠

와리
증류주를 물과 다른 것으로 희석한 것.
割り
わ
와리

미즈와리
증류주를 물로 희석 한 것.
水割り
みず わ
미즈와리

오유와리
소주를 따뜻한 물로 희 석한 것.
お湯割り
ゆ わ
오유와리

탄산하이
소주를 탄 산수와 다 른 음료로 희석한 것.
チューハイ
츄-하이

우롱하이
소주를 우롱차 로 희석한 것.
ウーロンハイ
우-롱하이

콜라하이
コークハイ
코-쿠하이

하이볼
ハイボール
하이보-루
위스키에 소다수를 넣 고 얼음을 띄운 음료.

음료

호로요이
ほろよい
호로요이

~맛
~味
あじ
아지

화이트사워
白いサワー
しろ
시로이사와-

복숭아
もも
모모

매실주 소다
梅酒ソーダ
うめしゅ
우메슈 소-다

사과사워
リンゴサワー
링고사와-

사과
リンゴ
링고

백포도
白葡萄
しろ ぶ どう
시로 부도-

포도사워
葡萄サワー
ぶ どう
부도-사와-

아이스티사워
アイスティーサワー
아이스티-사와-

20 술안주 酒の肴 사케노 사카나

주문하시겠어요?
ご注文は
お決まりですか？
고츄-몽와 오키마리데스카

→

우선 맥주와 풋콩을 주세요.
とりあえず、ビールと
枝豆 ください。
토리아에즈 비-루토 에다마메 쿠다사이

여기 지방술 있어요?
ここの 地酒は ありますか？
코코노 지자케와 아리마스카

주문하지 않아도 자리 값으로 나오는 간단한 요리.
자리 값이므로 200~300엔 정도의 돈을 내야 한다.

기본 안주

기본 안주 お通し 오토오시	기본 안주 突き出し 쯔키다시	풋콩 枝豆 에다마메	무침 和え物 아에모노	조림 煮物 니모노	연두부 冷奴 히야얏코	초무침 酢の物 스노모노

먹다

19 술

20 술안주

안주

닭튀김 鳥のから揚げ 토리노 카라아게	닭꼬치 焼き鳥 야키토리	닭꼬치 중간에는 네기(네기:파)가 끼워져 있는 경우가 많다.	파 ネギ 네기	꼬치구이 串カツ 쿠시카츠

샐러드 サラダ 사라다		난방즈케 南蛮漬け 난방즈케	생선이나 야채 등을 식초·술·소금을 섞은 국물에 절인 음식.	작은 돈가스를 꼬치에 끼운 것. 중간에 たまねぎ(타마네기:양파)가 많이 끼워져 있다.

간꼬치 レバーの串刺し 레바-노 쿠시자시	생선구이 焼き魚 야키자카나	양파 たまねぎ 타마네기

135

준비하다
묵·출입하다
이동하다
걷다
자다
먹다
즐기다
사다
해결하다
교류하다

바지락 버터구이 **あさりバター** 아사리바타-	가쓰오타타키 **かつおの たたき** 카츠오노 타타키	살짝 불에 구운 가다 랑어를 소스에 찍어 먹는 것.	철판구이 **鉄板焼き** 텟빵야키

생선회
刺身
사시미

연어치즈구이
サーモンあぶりチーズ
사-몬 아부리 치즈
연어를 살짝 구워 치즈와 함께 나오는 것.
あぶり는 살짝 구운 것을 말한다.

장아찌
おしんこ
오싱코

漬物(つけもの:쯔케모노)와 같은 말로 야채를 소금이나 겨에 절인 음식.

열빙어
ししゃも
시샤모

참치
マグロ
마구로

무
大根
다이콩

가지
ナス
나스

달걀말이
だし巻き卵
다시마키 타마고

장아찌 모듬
お漬物の 盛り合わせ
오츠케모노노 모리아와세

말린 오징어
するめ · あたりめ
스루메　　아타리메

조미 오징어
さきいか
사키이카

땅콩
ピーナッツ
피-낫츠

감씨과자 + 땅콩
柿ピー
카키피-

마지막에 먹는 것

오차즈케
お茶漬け
오챠즈케

밥에 차를 넣어 먹는 것으로 술 마신 후 마지막에 먹는다.

배부르다!
お腹 いっぱい！
오나카 입빠이

21 음식점에서의 트러블 飲食店での トラブル 인쇼쿠텡데노 토라부루

먹는 도중에 요청

여기요, 이거 다시 데워 주세요.
すみません、これ温めなおして ください。
스미마셍 코레 아타타메 나오시테 쿠다사이

아직 덜 익었어요.
まだ生みたいです。
마다 나마 미타이데스

좀 더 구워 주세요.
もっと焼いて ください。
못토 야이테 쿠다사이

좀 더 익혀 주세요.
もっと煮て ください。
못토 니테 쿠다사이

여기에 머리카락이 들어 있어요.
ここに髪の毛が 入っています。
코코니 카미노케가 하잇테 이마스

젓가락을 떨어뜨렸어요.
箸を落として しまいました。
하시오 오토시테 시마이마시타

그릇에 뭐가 묻었어요.
うつわが 汚れて います。
우츠와가 요고레테 이마스

아, 주문 안 했는데요.
あ、注文して ませんけど。
아 츄-몽시테 마셍케도

주문한 것이 안 나왔어요.
注文した ものが 来ていません。
츄-몽시타 모노가 키테 이마셍

+

바꿔 주세요.
代えて ください。
카에테 쿠다사이

Trip7 즐기다 楽しむ <small>たのしむ</small>
타노 시 무

준비하다 할·출하다 이동하다 걷다 자다 먹다 **즐기다** 사다 해결하다 교류하다

일본은 처음인데, 이 근처에 갈 만한 곳 있나요?
日本は 初めてなんですが、
<small>に ほん</small> <small>はじ</small>
니홍와 하지메테난데스가

この 近くに おすすめの 観光スポットは ありますか?
<small>ちか</small> <small>かん こう</small>
코노 치카쿠니 오스스메노 캉코- 스폿토와 아리마스카

01 관광 観光 캉코-

관광

안내소 · 관광안내소 **インフォメーション** 인훠메-숀	팸플릿 **パンフレット** 팜후렛토	
案内所 · 観光案内所 안나이죠 캉코- 안나이죠	관광버스 **観光バス** 캉코-바스	가이드 **ガイド** 가이도

명소

관광지 **観光地** 캉코-치	명소 **名所** 메-쇼	핫한 곳 **人気スポット** 닌키 스폿토	볼 만한 곳 **見所** 미도코로	볼 만한 시기 **見頃** 미고로
유원지 **遊園地** 유-엔치	테마파크 **テーマパーク** 테-마 파-쿠	수족관 **水族館** 스이조쿠칸	박물관 **博物館** 하쿠부츠칸	성 **お城** 오시로
~의 생가 **~のゆかりの 地** 노 유카리노 치	노부나가 생가 (연고지) **信長ゆかりの 地** 노부나가 유카리노 치			

입장

입장 **入場** 뉴-죠-	입구 **入口** 이리구치	출구 **出口** 데구치	비상구 **非常口** 히죠-구치	화장실 **トイレ · お手洗い** 토이레 오테아라이

일본의 행정구역은 1都(1도), 1道(1도), 2府(2부), 43県(43현)으로 나뉜다.

1都 - 東京都(とうきょうと:도-쿄-토)
1道 - 北海道(ほっかいどう:홋카이도-)
2府 - 大阪府(おおさかふ:오-사카후) / 京都府(きょうとふ:쿄-토후)
43県 - 宮城県(みやぎけん:미야기켄) / 沖⬚県(おきなわけん:오키나와켄) 등 43개 현

홋카이도 ほっかいどう **北海道** 홋카이도-	**1** 北海道 홋카이도
도호쿠 지방 とうほくちほう **東北地方** 토-호쿠 치호-	**2** 青森県 아오모리 현 **3** 岩手県 이와테 현 **4** 宮城県 미야기 현 **5** 秋田県 아키타 현 **6** 山形県 야마가타 현 **7** 福島県 후쿠시마 현
간토 지방 かんとうちほう **関東地方** 칸토- 치호-	**8** 茨城県 이바라키 현 **9** 栃木県 도치기 현 **10** 群馬県 군마 현 **11** 埼玉県 사이타마 현 **12** 千葉県 치바 현 **13** 東京都 도쿄 도 **14** 神奈川県 가나가와 현
추부 지방 ちゅうぶちほう **中部地方** 츄-부 치호-	**15** 新潟県 니가타 현 **16** 富山県 도야마 현 **17** 石川県 이시카와 현 **18** 福井県 후쿠이 현 **19** 山梨県 야마나시 현 **20** 長野県 나가노 현 **21** 岐阜県 기후 현 **22** 静岡県 시즈오카 현 **23** 愛知県 아이치 현
간사이 지방 かんさいちほう **関西地方** 칸사이 치호-	**24** 三重県 미에 현 **25** 滋賀県 시가 현 **26** 京都府 교토 후 **27** 大阪府 오사카 후 **28** 兵庫県 효고 현 **29** 奈良県 나라 현 **30** 和歌山県 와카야마 현
추고쿠 지방 ちゅうごくちほう **中国地方** 츄-고쿠 치호-	**31** 鳥取県 돗토리 현 **32** 島根県 시마네 현 **33** 岡山県 오카야마 현 **34** 広島県 히로시마 현 **35** 山口県 야마구치 현
시코쿠 지방 しこくちほう **四国地方** 시코쿠 치호-	**36** 徳島県 도쿠시마 현 **37** 香川県 카가와 현 **38** 愛媛県 에히메 현 **39** 高知県 코치 현
규슈·오키나와 きゅうしゅう おきなわ **九州·沖縄** 큐-슈- 오키나와	**40** 福岡県 후쿠오카 현 **41** 佐賀県 사가 현 **42** 長崎県 나가사키 현 **43** 熊本県 구마모토 현 **44** 大分県 오이타 현 **45** 宮崎県 미야자키 현 **46** 鹿児島県 가고시마 현 **47** 沖縄県 오키나와 현

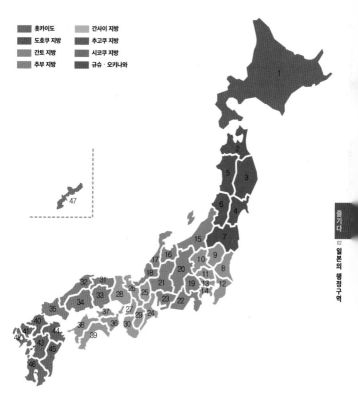

좌측 세로 탭: 준비하다 | 입국·출국하다 | 이동하다 | 걷다 | 자다 | 먹다 | **즐기다** | 사다 | 해결하다 | 교류하다

삿포로(札幌) 볼거리

삿포로 눈축제 **札幌雪祭** 삿뽀로 유키 마츠리 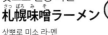	후라노 라벤더 밭 **富良野の ラベンダー 畑** 후라노노 라벤다- 바타케
삿포로 시 시계탑 **札幌市 時計台** 삿뽀로시 토케-다이	아사히카와 시 아사히야마 동물원 **旭川市 旭山動物園** 아사히카와시 아사히야마 도-부츠엔
반달가슴곰 **ツキノワグマ** 쯔키노 와구마	목에 목걸이처럼 반달 모양의 문양이 있는 곰. 홋카이도에서는 유일하게 熊肉(くまにく:쿠마니쿠:곰고기)를 먹는다.	북여우 **キタ キツネ** 키타 키츠네

먹거리

삿포로 된장 라면 **札幌味噌ラーメン** 삿뽀로 미소 라-멘	털게 **毛ガニ** 케가니	성게 **ウニ** 우니	해산물 **海産物** 카이산부츠

선물

하얀 연인 (수제 초콜릿) **白い恋人** 시로이 코이비토	로이즈 생초콜릿 **ロイズの 生チョコ** 로이즈노 나마쵸코
마리모 **マリモ** 마리모	유바리 멜론 **夕張メロン** 유-바리 메론 夕張(유-바리)는 지명. 보통 멜론과 색이 다르며 당도도 높다.

阿寒湖(あかんこ:아칸코:아칸 호)의 명물로 동글동글한 수중 식물이다. 1921년 일본에서 자연보호물로서 지정되었고, 어려움을 이기고 소망을 이루라는 뜻에서 자주 선물로 애용하고 있다.
마리모는 부모에게 결혼을 허락받지 못한 두 사람이 아칸 호수에 빠져 마리모가 되었다는 홋카이도 원주민 アイヌ人(あいぬじん:아이누진:아이누족)의 슬픈 전설에서 비롯되었다.

아이누족 **アイヌ人** 아이누진

04 도호쿠 지방 東北地方 토-호쿠 치호-

네부타 축제 (등불 축제)
ねぶた祭
네부타 마츠리

매년 8월 2일부터 7일까지 아오모리 시내를 중심으로 열리는 민속 축제로 사람 모양의 대형 등롱을 수레에 싣고 거리를 행진하는 것이다. 대나무에 매단 여러 개의 등과 거대한 종이 인형으로 꾸민 커다란 수레를 ねぶた(네부타)라고 하는데, 여기서 축제의 명칭이 유래했다.

네부타 · 등롱
ねぶた · 燈篭
네부타　　토-로-

매년 8월 2일부터 7일까지 아오모리 시내를 중심으로 열리는 민속 축제.

히로사키 성
弘前城
히로사키 죠-

1611년 축조된 일본의 7대 성 중 하나.

히로사키 공원
弘前公園
히로사키 코-엔

히로사키 성을 중심으로 조성된 공원으로 벚꽃 명소 중 하나.

마츠시마
松島
마츠시마

일본의 3대 풍경 중 하나.

소 혀
牛タン
규-탄

일본 야키니쿠 가게에서 가장 먼저 주문해서 먹는 메뉴는 소의 혀에 소금으로 간을 한 タン塩(たんしお : 탄시오 : 우설구이)다. 그 위에 다진 파를 올린 ネギ塩タン(ねぎしおたん : 네기시오탄), ネギタン塩(ねぎたんしお : 네기탄시오)도 인기 메뉴다.

05 간토 지방 関東地方 간토- 지호-

준비하다
묵·출국하다
이동하다
걷다
자다
먹다
즐기다
사다
해결하다
교류하다

군마 현(群馬県) 즐길거리

구사츠 온천
草津温泉
쿠사츠 온센
가와바타 야스나리의 <설국>의 무대로 유명.

달마오뚝이
だるま
다루마

먹거리

고개의 가마솥밥
峠の釜飯
토-게노 카마메시
죽순, 우엉, 밤 등을 넣은 가마솥밥 도시락.

흑야키소바
黒焼きそば
쿠로야키 소바

야키만주
焼き饅頭
야키 만쥬-

이바라키 현(茨城県) 즐길거리   먹거리

해락원
偕楽園
카이라쿠엔
水戸市(みと시:미토 시)에 있는 일본의 3대 정원 중 하나.

미토 낫토
水戸納豆
미토 낫토-

도치기 현(栃木県) 즐길거리

닛코
日光
닛코-

닛코토쇼 궁
日光東照宮
닛코- 토-쇼-구-

원숭이 세 마리
三猿
상자루

도쿠가와 이에야스
徳川家康
토쿠가와 이에야스

보지 않는다, 듣지 않는다, 말하지 않는다
見猿聞か猿言わ猿
미자루 키카자루 이와자루

치바 현(千葉県) 즐길거리

도쿄 디즈니랜드
東京ディズニーランド
토-쿄- 디즈니-란도

미키마우스
ミッキーマウス
믹키-마우스

디즈니시
ディズニーシー
디즈니-시-

미니마우스
ミニーマウス
미니-마우스

하코네 유모토 온천
箱根湯本温泉
하코네 유모토 온센

하코네 관문
箱根関所
하코네세키쇼
에도 시대의 생활상을 엿볼 수 있는 곳.

먹거리

검은 달걀
黒卵
쿠로 타마고

도쿄 도(東京都) 즐길거리

스카이트리
スカイツリー
스카이 쯔리-

진짜 높다!
ホント高い！
혼토 타카이

도쿄 타워
東京タワー
토-쿄- 타와-

아사쿠사 가미나리 문
浅草 雷門
아사쿠사 카미나리몬

즐길거리

가미나리 오코시
雷おこし
카미나리 오코시

먹거리

도쿄 바나나
東京バナナ
토-쿄- 바나나

아~ 맛있다!
あぁ～、うまい！
아- 우마이

06 추부 지방 中部地方 츄-부 치호-

준비하다 | 일주·출발하다 | 이동하다 | 걷다 | 자다 | 먹다 | 즐기다 | 사다 | 해결하다 | 교류하다

기후 현(岐阜県) 즐길거리

게로 온천
下呂温泉
げ ろ おん せん

게로 온센

시로카와 마을 갓쇼즈쿠리 취락
白川郷の合掌造りの集落
しら かわ ごう がっ しょう づくり しゅう らく

시로카와 고-노 갓쇼-즈쿠리노 슈-라쿠

애니메이션 ひぐらしのなく頃に(히구라시노 나쿠 코로니:쓰르라미 울 적에)의 실제 배경이 된 곳이 유네스코 세계문화유산으로 등록되기도 했다. 지붕 모양이 합장할 때의 손 모양과 비슷해서 合掌造り(がっしょうづくり:갓쇼-즈쿠리)라고 불렸다고 한다. 눈이 많이 오면 2층에서 밖으로 바로 나갈 수 있게 설계되어 있다.

마고메 시마자키 토손 생가
馬籠 島崎藤村 実家
ま ごめ しま ざき とう そん じっ か

마고메 시마자키 토-손 짓카

일본 메이지 시대의 시인이자 소설가. 初恋(はつこい:하츠코이:첫사랑)라는 시로 유명하다. 岐阜県 中津川市(ぎふけん なかつがわし:기후 현 나카츠가와 시)에 있다.

역참 마을
宿場町
しゅく ば まち

슈쿠바 마치

오래 전 걸어서 여행하던 시절에 여행자의 숙박과 휴식을 위한 장소를 宿場(しゅくば:슈쿠바:역참)라고 했는데 이 길을 걷다 보면 시마자키 토손의 생가가 있다.

구조
郡上
ぐ じょう

구조-

교토처럼 옛날의 모습을 고스란히 간직하고 있는 것으로 유명하며, 작은 교토라고 불린다.

경단꼬치구이
みたらしだんご

미타라시 단고

간장 양념한 떡을 납작하게 해서 꼬치에 끼워 구운 것.

너의 이름은
君の名は。
きみ な

키미노 나와

영화 <너의 이름은>의 여자 주인공이 사는 곳의 무대가 된 곳으로 유명.

<너의 이름은>의 여자애 집이야.
「君の名は。」の女の子の家だよ。
きみ な おんな こ いえ

키미노 나와노 온나노코노 이에다요

146

도야마 현(富山県) <small>즐길거리</small>

유키노 오타니
ゆき おお たに
雪の大谷

유키노 오-타니

세계적으로 유명한 관광지인 雪の大谷(유키노 오타니)는 立山黒部アルペンルート(다테야마 쿠로베 알펜루트) 도로를 따라 이어진 거대한 눈의 벽으로, 높이가 20m에 육박하는 눈의 모습이 장관이다.

다테야마 쿠로베 알펜루트
たて やま くろ べ
立山黒部アルペンルート

타테야마 쿠로베 아루펜 루-토

다테야마
たて やま
立山

타테야마

富士山(ふじさん:후지상), 白山(はくさん:하쿠 산)과 함께 일본의 3대 명산으로 불리는 立山(다테야마)는 3,000미터급 봉우리가 많아 일본의 알프스라고 불린다.

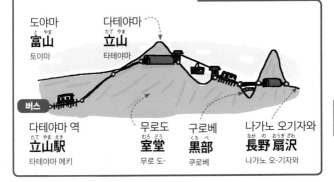

도야마
と やま
富山

토야마

다테야마
たて やま
立山

타테야마

버스

다테야마 역
たて やま えき
立山駅

타테야마 에키

무로도
むろ どう
室堂

무로 도-

구로베
くろ べ
黒部

쿠로베

나가노 오기자와
なが の おうぎ ざわ
長野 扇沢

나가노 오-기자와

나가노 현(長野県) <small>즐길거리</small>

가미코치
かみ こう ち
上高地

카미코-치

산 위에 있는 梓川(あずさがわ:아즈사가와)라는 강으로 유명. 일본의 북알프스 산을 한눈에 감상할 수 있어 등산객의 발길이 끊이지 않는다.

스가다이라
すが だいら
菅平

스가다이라

가루이자와
かる い ざわ
軽井沢

카루이자와

上高地(가미코치)와는 달리 산 밑에 있으며, 도쿄에서 가깝고 맛있는 음식과 멋진 별장이 많아서 여름의 관광지로 사랑받고 있다.

준비하다
입국·출국하다
이동하다
걷다
자다
먹다
즐기다
사다
해결하다
교류하다

이시카와 현(石川県) 즐길거리

겐로쿠엔
兼六園
켄로쿠엔

일본 이시카와 현의 현청 소재지인 金沢
(かなざわ:카나자와:가나자와) 에 있는 일
본의 3대 정원 중 하나다.

눈트리
雪吊り
유키즈리

추부 지방에서도 동해에 접하는 네 현, 즉 도야마 현, 니가
타 현, 이시카와 현, 후쿠이 현을 가리키는 호쿠리쿠 지방
의 눈에는 수분이 많이 포함되어 있어 눈의 무게가 상당하
다고 한다. 눈의 무게를 이기지 못해 부러지는 것을 방지하
기 위해 매년 11월부터 나뭇가지 하나하나에 눈트리를 설
치한다.

시즈오카 현(静岡県) 선물

녹차
緑茶
료쿠챠

장어파이
うなぎパイ
우나기 파이

야마나시 현(山梨県) 즐길거리

후지 산
富士山
후지상

해발 3,776미터의 일본 최고봉이자, 일본을 대표하는
미의 상징이다.

아이치 현(愛知県)

나고야 성
名古屋城
나고야죠-

메이지 마을
明治村
메이지 무라

일본 아이치 현 이누야마 시에 있는
박물관 마을. 메이지 시대의 건축물.

07 간사이 지방 関西地方 _{간사이 치호-}

오사카 후(大阪府) 즐길거리

유니버설 스튜디오
ユニバーサル スタジオ
유니바-사루 스타지오

오사카 성
大阪城
오-사카 죠-

도톤보리
道頓堀
도-톤보리

조폐국
造幣局
조-헤이쿄쿠　벚꽃의 명소.

먹고 죽는 인형
食い倒れ人形
쿠이다오레 닝교-

구리코 인형
グリコの 人形
구리코노 닝교-

주택 박물관
くらしの 今昔館
쿠라시노 콘쟈쿠칸

에도 시대부터 현대까지의 오사카의 생활상을 재현 전시하고 있는 박물관으로, 着物(きもの:기모노)나 浴衣(ゆかた:유카타)를 입고 실생활을 체험해 볼 수 있다.

시가 현(滋賀県) 즐길거리

고카 닌자
甲賀忍者
코-카 닌쟈

비와코
琵琶湖
비와코

일본 최대 호수.

일본의 닌자는 양대 문파라고 할 수 있는 甲賀忍者(고카 닌자)와 伊賀忍者(이가 닌자)가 있는데, 현재 이 지역을 관광 명소로 개발하여 닌자 복장을 판매하고 있다.

준비하다
입국·출국하다
이동하다
걷다
자다
먹다
즐기다
사다
해결하다
교류하다

교토 후(京都府) 즐길거리

금각사
きん かく じ
金閣寺
킹카쿠지

청수사
きよ みず でら
清水寺
키요미즈 데라

은각사
ぎん かく じ
銀閣寺
깅카쿠지

마이코
まい こ
舞妓さん
마이코상

먹거리

(생)야츠하시
なま や はし
(生)八ツ橋
(나마)야츠하시

교토의 명물 화과자.

순무 장아찌
せん まい づ
千枚漬け
센마이 즈케

교토의 대표적인 쯔케모노. 교토의 야채인 순무를 재료로 만든 절임 음식이다.

나라 현(奈良) 즐길거리

동대사
とう だい じ
東大寺
토-다이지

나라 공원
な ら こう えん
奈良公園
나라 코-엔

사슴
しか
鹿
시카

대불상
だい ぶつ
大仏
다이부츠

사슴 센베이
しか
鹿せんべい
시카 센베-

먹거리

울외 장아찌
なら づ
奈良漬け
나라 즈케

白うり(しろうり:시로우리/월과)라는 오이과에 속하는 채소 울외에 술지게미를 넣어 만든 장아찌.

법륭사
ほう りゅう じ
法隆寺
호-류-지

일본 불교 목조 건축물의 대표작.

효고 현(兵庫県) 즐길거리

아리마 온천
あり ま おん せん
有馬温泉
아리마 온센

일본의 3대 온천 중 하나.

고베 루미나리에
こう べ
神戸ルミナリエ
코-베 루미나리에

12월에 열리는 전구를 이용한 조명건축물 축제.

히메지 성
ひめ じ じょう
姫路城
히메지 죠-

150

08 추고쿠 지방 中国地方 추-고쿠 치호-

돗토리 현(鳥取県) 즐길거리

사구
砂丘
사큐-

바람에 모래가 이동하면서
쌓여 생긴 언덕. 모래로 조
각한 상이 상점 곳곳에 있
고 모래 박물관도 있다.

낙타
らくだ
라쿠다

기타로의 요괴 기차
鬼太郎汽車
키타로- 키샤

게게게의 기타로
ゲゲゲの鬼太郎
게게게노 키타로-

해학적 요괴 만화로 유명한 미즈키 시게루 작품.

먹거리

배
なし
나시

락교
ラッキョウ
락쿄-

오카야마 현(岡山県) 즐길거리

고라쿠엔
後楽園
코-라쿠엔

모모타로
桃太郎
모모 타로-

岡山(오카야마)는 복숭아에서
태어난 모모타로 이야기의 배경이 되는
곳으로 유명.

선물

인절미 떡꼬치
きび団子
키비단고

히로시마 현 하츠카이치 시의 厳島(이츠쿠시마)
에 있는 신사. 헤이안 시대 말에 平清盛(다이라노
키요모리)가 세운 1400년의 역사를 갖는 신사로
1996년에는 세계유산으로 지정되었다. 신사가
있는 이츠쿠시마는 安芸の宮島(아키노 미야지
마)라고 불리며, 日本三景(にほんさんけい:니
홍상케-:일본 삼경) 중 하나이다.

히로시마 현(広島県) 즐길거리

평화 기념 공원
平和記念公園
헤이와 키넨 코-엔

1945년 히로시마에 원
자폭탄이 떨어졌을 때
유일하게 남겨진 건물
에 평화를 기념하여 조
성한 건물.

아키노 미야지마
安芸の宮島
아키노 미야지마

09 시코쿠 지방 四国地方 시코쿠 치호-

준비하다
일을 · 출하다
이동하다
걷다
자다
먹다
즐기다
사다
해결하다
교류하다

에히메 현(愛媛県) 즐길거리

도고 온천
道後温泉
도-고 온센

나쓰메 소세키 소설 坊ちゃん(도련님)의 무대가 된 곳으로 유명하다. 또 지브리 애니메이션 千と千尋の神⊠し(센과 치히로의 행방불명)의 배경으로 유명하다.

시마나미 해도
しまなみ海道
시마나미 카이도-

에히메 현 오노미치부터 에히메 현 이마바리까지 분포된 섬을 연결한 해안도로.

볼거리

쇼도시마 엔젤로드
小豆島エンジェルロード
쇼-도시마 엔제루 로-도

하루에 두 번 천사처럼 아름다운 길이 열리는 쇼도시마 엔젤로드는 일본의 지중해라고 불린다.

가가와 현(香川県) 먹거리

사누키 우동
さぬきうどん
사누키 우동

일본에서 사누키 우동으로 가장 유명한 곳이다.

고치 현(高知県) 즐길거리

시코쿠 88개 사원 순례길
四国八十八箇所めぐり
시코쿠 하치쥬- 하치 카쇼 메구리

88개의 사원을 도는 일명 불교의 성지 순례지.

순례자
お遍路さん
오헨로상

죽은 사람을 애도하기 위해 88개의 사원을 도는 순례자를 일컫는 말.

요사코이 축제
よさこい祭
요사코이 마츠리

큰 도로를 통제하여 20여 개의 팀이 퍼레이드식으로 よさこい(요사코이)라는 춤을 추면서 행진한다.

10 규슈·오키나와 九州 큐-슈- · 沖縄 오키나와

오이타 현(大分) 즐길거리

| 벳푸 온천
べっ ぷ おん せん
別府温泉
벳뿌 온센 | 유후인 온천
ゆ ふ いん おん せん
湯布院温泉
유후인 온센 | 아소 산
あ そ さん
阿蘇山
아소상 |  |

구마모토 현(熊本県) 즐길거리

구마모토 성 くま もと じょう **熊本城** 쿠마모토 죠-	스이젠지 공원 すい ぜん じ こう えん **水前寺公園** 스이젠지 코-엔

선물

구마몬
くまもん
쿠마몽

구마모토 현의 곰 캐릭터.

나가사키 현(長崎県) 즐길거리

하우스텐보스 **ハウステンボス** 하우스텐보스	글로버 공원 えん **グラバー園** 구라바- 엔	유명한 오페라 <나비 부인>의 무대가 된 서양 건축물.

먹거리

카스테라
カステラ
카스테라

짬뽕
ちゃんぽん
짬뽕

가고시마 현(鹿児島県) 즐길거리

야쿠시마 や く しま **屋久島** 야쿠시마	미야자키 하야오 감독의 <원령공주>의 배경이 된 신비의 숲.	사쿠라시마 さくら じま **桜島** 사쿠라지마	가고시마 만 북부에 있는 화산섬.

오키나와 현(沖縄県) 즐길거리

슈리 성 しゅ り じょう **首里城** 슈리 죠-	

오키나와 추라우미 수족관
おき なわ ちゅ う み ぞく かん
沖縄美ら海水族館
오키나와 츄라 우미 스이조쿠칸

선물

아와모리 (술) あわ もり **泡盛** 아와모리	오키나와식 소주.	친스코 (과자) **ちんすこう** 친스코-
하브 (뱀술) **ハブ** 하브		

11 축제 祭 마츠리

축제 **まつり・祭・祭り** 마츠리	신을 모신 가마 **神輿** 미코시
머리띠 **鉢巻き** 하치마키	축제용 옷 **はっぴ** 핫삐

일본의 대표 마츠리

기온마츠리 **祇園祭** 기온 마츠리	京都(きょうと:쿄-토:교토)를 대표하는 여름 축제로, 八坂神社(やさかじんじゃ:야사카 진자:야사카 신사)에서 매년 7월에 열린다. 이때는 山鉾(やまぼこ:야마 보코)라는 큰 장식 수레가 한 달 정도 시가지를 행진하는데, 흑사병이 유행하던 9세기에 전염병을 쫓던 행사가 기원이 되었다고 한다.
간다마츠리 **神田祭** 칸다마츠리	東京(とうきょう:토-쿄-:도쿄)의 千代田区 神田(ちよだく かんだ:치요다구 칸다:치요다구 간다) 지역에서 매년 5월에 열리는 민속 축제. 에도막부 德川家康(とくがわ いえやす:토쿠가 이에야스:도쿠가와 이에야스)가 정권을 차지한 関ヶ原の戦い(せきがはらの たたかい:세키가하라노 타타카이:세키가하라 전투)에서 승리한 것을 기념한 축제다.
덴진마츠리 **天神祭** 텐진 마츠리	大阪(おおさか:오-사카:오사카)의 天満宮(てんまんぐう:텐만구-:덴만구)에서 7월에 열리는 여름 축제. 헤이안 시대의 학자 菅原道真(すがわら みちざね:스가와라 미치자네)의 학문을 신으로 받들었다가 후에 질병을 쫓는 축제로 바뀌었다.
삿포로 눈축제 **札幌雪祭** 삿뽀로 유키 마츠리	눈으로 만든 커다란 雪像(せつぞう:세츠조-:눈석상)이 大通り(おおどおり:오-도오리:대로)에 늘어선다.
산자마츠리 **三社祭** 상자 마츠리	東京(とうきょう:토-쿄-:도쿄)의 浅草神社(あさくさじんじゃ:아사쿠사 진자:아사쿠사 신사)에서 매년 5월에 열리는 여름 축제. 1300여 년 전 어느 여름날, 어부 형제가 고기잡이를 갔다가 그물에 걸린 관음상을 끌어 올려 아사쿠사에 모신 것이 기원이 되었다.

아와 춤축제 あ わ おど **阿波踊り** 아와 오도리	徳島県(とくしまけん:토쿠시마켄:도쿠시마 현)을 중심으로 매년 8월 15일 お盆 (おぼん:오봉)에 열리는 민속 무용 축제. 축제 기간에는 連(れん:렌)이라는 무용 집 단이 일본 전통 악기에 맞춰 阿波踊り를 추며 시가지를 행진한다.

유카타 ゆ かた **浴衣** 유카타	부채 **うちわ** 우치와	포장마차 や たい **屋台** 야타이

포장마차 먹거리

솜사탕 **わたがし** 와타 가시	야키소바 や **焼きそば** 야키 소바	문어빵 や **たこ焼き** 타코 야키
사과사탕 あめ **リンゴ飴** 링고 아메	통오징어구이 や **いか焼き** 이카 야키	

마츠리 놀이

요요 **ヨーヨー** 요-요-	금붕어 낚기 きん ぎょ **金魚すくい** 킹교 스쿠이
사격 しゃ てき **射的** 샤테키	고리 던지기 わ な **輪投げ** 와 나게

12 일본의 대표적 온천·공원·산

(위치는 141쪽 지도 번호 참고)

일본 3대 온천

일본 3대 온천 日本 3 名泉 니홍 산메-센	구사츠 온천 ⑩ 草津温泉 쿠사츠 온센	아리마 온천 ㉘ 有馬温泉 아리마 온센	게로 온천 ㉑ 下呂温泉 게로 온센

일본 3대 공원

일본 3대 공원 日本 3 名園 니홍 산메-엔	겐로쿠엔 ⑰ 兼六園 켄로쿠엔 이시카와 현의 현청 소재지인 가나자와에 있는 일본의 3대 정원 중 하나.	고라쿠엔 ㉝ 後楽園 코-라쿠엔 일본 오카야마 현의 현청 소재지인 오카야마에 있는 일본의 3대 정원 중 하나.	가이라쿠엔 ⑧ 偕楽園 카이라쿠엔 일본 이바라키 현의 현청 소재지인 미토에 있는 일본의 3대 정원 중 하나.

일본의 대표적 산

홋카이도 ❶ 北海道 홋카이도-	다이세츠 산 ❶ 大雪山 다이세츠장

북알프스 ⑯~㉑ 北アルプス 키타 아루푸스	노리쿠라 ⑳~㉑ 乗鞍 노리쿠라	호다카 ⑳~㉑ 穂高 호다카	야리가타케 ⑳~㉑ 槍ヶ岳 야리가타케 일본 북알프스의 남부에 위치하는 일본에서 5번째로 높은 산. 산의 봉우리가 뾰족한 삼각형으로 생긴 것이 특징.

하쿠바타케 ⑯~⑳ 白馬岳 하쿠바타케	다테야마 하쿠바 지역에서 가장 높은 산으로 일본 100대 명산 중 하나.	다테야마 쿠로베 알펜루트 ⑯~⑳ 立山黒部アルペンルート 타테야마 쿠로베 아루펜루-토	일본 알프스라고 불리우는 호쿠리쿠 지방의 도야마 현에 위치.

다테야마 ⑯ 立山 타테야마	가미코치 ⑳ 上高地 카미코-치	가루이자와 ⑳ 軽井沢 카루이자와	일본 혼슈 나가노 현에 위치. 휴양지로 유명.

준비하다 / 입국·출국하다 / 이동하다 / 걷다 / 자다 / 먹다 / 즐기다 / 사다 / 해결하다 / 교류하다

日本の 代表的な 温泉・公園・山 니홍노 다이효-테키나 온센 코-엔 야마

중앙알프스 ⑳~㉑
中央アルプス
츄-오-아루푸스

기리가미네 ⑳
霧ヶ峰
키리가미네

주봉은
구루마산.

우츠쿠시가하라 ⑳
美ヶ原
우츠쿠시가하라

기소코마 ⑳
木曽駒
키소코마

야츠가다케 ⑲~⑳
八ヶ岳
야츠가다케

나가노 현과 야마나시
현에 걸쳐 있는 일본
100대 명산 중 하나.

온타케 산 ⑳~㉑
御嶽山
온타케상

일본 중부 지방의 나가노 현
과 기후 현에 걸쳐 있는 해발
3,067m 높이의 활화산.

하쿠 산 ⑰~㉑
白山
하쿠상

추부~시코쿠 ⑲~㊴
中部~四国
츄-부   시코쿠

후지 산 ⑲~㉒
富士山
후지상

하코네 ⑭
箱根
하코네

지리적으로 도쿄
에서 가깝다.

록코 산 ㉘
六甲山
록코-상

오미네 산 ㉙
大峰山
오-미네상

고야 산 ㉚
高野山
코-야상

요시노쿠마노 국립공원 ㉙~㉚
吉野熊野国立公園
요시노쿠마노 코쿠리츠코-엔

다이센 ㉛
大山
다이셍

히루젠 고원 ㉝
ひるぜん高原
히루젠 코-겐

시코쿠 하치쥬하치카쇼 ㊱㊲㊳㊴
四国八十八ヶ所
시코쿠 하치쥬-하치카쇼

규슈 ㊵~㊻
九州
큐-슈-

아소 산 ㊸
阿蘇山
아소상

구마모토에
위치한
활화산.

지옥 순례 ㊹
地獄めぐり
지고쿠 메구리

오이타 현 벳푸에 위치. 벳푸의
유명 관광지인 벳푸 지고쿠(지
옥) 일곱 개를 모두 도는 것을
지옥 순례라고 한다. 벳푸 지옥에
속하지 않는 야마지고쿠까지
포함하면 모두 여덟 군데다.

기리시마 산 ㊺~㊻
霧島山
키리시마야마

미야자키
현에 있는
활화산.

사쿠라지마 ㊻
桜島
사쿠라지마

활화산.
가고시마
현을 대표하는
볼거리.

등산

여기가 어디쯤인가요?
ここは 何合目ですか？
코코와 난고-메데스카

→ 절반 왔어요.
五合目です。
고고-메데스

아, 절반 오셨어요.
あ、半分ですね。
아 항분데스네

일본의 산은 입구부터 정상까지 높이와 상관없이 10개로 나눠서 〜合目(ごうめ:고-메)로 설명한다.

8/10
八合目
하치 고-메

정상
頂上
쵸-죠-

5/10
五合目
고 고-메

1/10
一合目
이치 고-메

조금만 더 가면 돼, 힘내자!
後、もう 一息、頑張ろう！
아토 모-히토이키 간바로-

등산 입구
登山口
토장구치

산장	골짜기	산기슭	능선	능선을 타다
山小屋	**谷**	**ふもと**	**尾根**	**尾根伝いに 登る**
야마 고야	타니	후모토	오네	오네즈타이니 노보루

등산용품

등산 스틱	모자	등산화
ストック・ステッキ	**帽子**	**登山靴**
스톡쿠　스텍키	보-시	토장구츠

물병	침낭	방한복
水筒	**寝袋**	**防寒着**
스이토-	네부쿠로	보-칸기

어디까지 차로 갈 수 있나요?
何合目まで 車で 行けますか？
난고-메마데 쿠루마데 이케마스카

→

후지 산은 중간까지 차로 갈 수 있어요.
富士山は 五合目まで
후지상와 고고-메마데
車で 行けますよ。
쿠루마데 이케마스요

케이블카가 있나요?
ケーブルカーが ありますか？
케-부루카카 아리마스카

이 산은 등산화가 아니라도 올라갈 수 있나요?
この 山は 登山靴じゃなくても 登れますか？
코노 야마와 토장구츠쟈 나쿠테모 노보레마스카

등산용구는 빌릴 수 있나요?
登山用具は レンタル できますか？
토장요-구와 렌타루 데키마스카

살려 주세요.
助けてください。
타스케테 쿠다사이

조난
遭難
소-난

조난당했어요.
遭難しました。
소-난 시마시타

~위치예요.
~合目です。
고-메데스

다친 사람이 있어요.
怪我人が います。
케가닌가 이마스

낙석에 맞았어요.
落石に 当たりました。
라쿠세키니 아타리마시타

미끄러졌어요.
滑り落ちました。
스베리오치마시타

다리를 삐었어요.
足を くじきました。
아시오 쿠지키마시타

눈사태를 만났어요.
雪崩に 遭って しまいました。
나다레니 앗테 시마이마시타

즐기다

12

일본의 대표적 온천·공원·산

159

오락실 주요 단어

여기요. 이것으로 놀고 싶은데 어떻게 하면 좋아요?

すみません。 これで 遊びたいんですけど、
どうすれば いいですか？

스미마셍 코레데 아소비타인데스케도 도·스레바 이·데스카

게임센터		환전기	메달게임
ゲームセンター · ゲーセン		**両替機**	**メダルゲーム**
게-무 센타-	게-센	료-가에 키	메다루 게-무

현금을 메달로 바꿔서 하는 게임.

인형뽑기	스티커 사진
UFOキャッチャー	**プリクラ**
유-훠- 캇챠-	푸리쿠라

현금 메달 교환기
メダル貸出し機
메다루 카시다시키

현금과 메달을 바꿔 주는 기계.

북 치는 달인

太鼓の 達人

타이코노 타츠진

음악에 맞춰 북을 두드리는 게임.

체험게임

体感ゲーム

타이칸 게-무

オートバイ(오토바이)、自動車(じどうしゃ：지도-샤:자동차)、射◻(しゃげき：샤게키:사격)、つり(쯔리:낚시) 등 간접적으로 체험하는 게임.

오락 트러블

돈을 넣었는데

お金を 入れたんですけど

오카네오 이레탄데스케도

+

움직이지 않아요.

動きません。

우고키마셍

아무것도 안 나와요.

何も 出て きません。

나니모 데테 키마셍

파칭코

처음인데 어떻게 하면 될까요?
初めてなんですけど、どうすれば いいんですか？
하지메테난데스케도 도-스레바 이인데스카

슬롯	파칭코
スロット	**パチンコ**
스롯토	빠칭코

코인	구슬	경품	경품 교환소
コイン	**玉**	**景品**	**景品交換所**
코인	타마	케-힝	케-힝 코-칸죠

터지다	파칭코에서 땄을 때는 점내의 경품과 바꿀 수 있다. 하지만 現金(げんきん:겡킹:현금)으로 바꾸고 싶을 때는 파칭코 밖에 있는 返金所(へんきんじょ:헨킹죠:현금교환소)에서 바꿔야 한다.
当たる	
아타루	

구슬 바구니	땄는데…
ドル箱	**当たったんですが・・・**
도루바코	아탓탄데스가

땄는데, 어디서 바꿀 수 있어요?
当たったんですけど・・・どこで 換えますか？
아탓탄데스케도 도코데 카에마스카

현금과	경품과		바꾸고 싶은데요…
現金と	**景品と**	**+**	**交換したいんですけど・・・**
겡킹토	케-힝토		코-칸 시타인데스케도

즐기다

13
오락

161

14 인터넷카페 ネットカフェ 넷토카훼

준비하다
떠나・출국하다
이동하다
걷다
자다
먹다
즐기다
사다
해결하다
교류하다

위치 질문

이 근처에 **この近くに** 코노 치카쿠니	인터넷카페 (우리나라 PC방) **(インター)ネットカフェ** (인타-)넷토카훼

일본 인터넷카페는 TV, 금고, 세탁기, 샤워 시설까지 갖춰져 있어 숙박할 수 있다. 인터넷 범죄 등을 고려하여 현지인들은 회원등록카드를 만들고, 외국인 여행객은 여권을 보여 줘야 한다.

만화카페 **漫画喫茶** 망가킷사	메이드카페 **メイドカフェ** 메이도 카훼

+

은/는 있나요?
はありますか?
와 아리마스카

입장 질문

밥을 먹는 것
食事をすること
쇼쿠지오 스루 코토

음식을 들고 가는 것
食べ物の持ち込み
타베모노노 모치코미

자는 것
泊まること
토마루 코토

+

은/는 가능한가요?
はできますか?
와 데키마스카

막차를 놓치다
終電を逃す
슈-뎅오 노가스

24시간 영업 **24時間営業** 니쥬-요지캉 에-교-	인터넷 **インターネット** 인타-넷토	음료 무료 **フリードリンク** 후리- 도링쿠

신분증
身分証明書
미분쇼-메-쇼

여권
パスポート
파스포-토

1시간에 얼마예요?
一時間、いくらですか？
이치지캉 이쿠라데스카

~시간 패키지
~時間パック
지캉 팍쿠

아침 ~시간 패키지
モーニング~時間パック
모-닝구 ~지캉 팍쿠

밤 ~시간 패키지
ナイト~時間パック
나이토 ~지캉 팍쿠

개인실	금고
個室	金庫
코시츠	킹코

+

보여 주세요.
見せて ください。
미세테 쿠다사이

인터넷 관련 트러블

인터넷 연결이 안 돼요.
ネットが つながりません。
넷토가 쯔나가리마셍

글자가 깨져요.
文字化けします。
모지바케 시마스

한국어 입력은 가능한가요?
韓国語の 入力は できますか？
캉코쿠고노 뉴-료쿠와 데키마스카

메이드 카페의 특이한 용어

어서 오세요.
お帰りなさいませ。
오카에리나사이마세

주인님	아가씨
ご主人様	お嬢様
고슈진사마	오죠-사마

도련님	공주님
お坊ちゃま	お嬢ちゃま
오봇챠마	오죠-챠마

즐기다
14
인터넷카페

163

준비하다

일 · 출국하다

이동하다

걷다

자다

먹다

즐기다

사다

해결하다

교류하다

디즈니랜드	디즈니시	유니버설 스튜디오 재팬
ディズニーランド	ディズニーシー	ユニバーサル · スタジオ · ジャパン
디즈니-란도	디즈니-시-	유니바-사루 스타지오 쟈팡

한국어 지도 있어요?	대기 시간
韓国語の 地図、ありますか？	待ち時間
캉코쿠고노 치즈 아리마스카	마치지캉

이제 얼마나 기다리면 되나요?	
後、どのくらい 待てば いいですか？	무서웠다!
아토 도노쿠라이 마테바 이-데스카	怖かった！
	코와캇타

놀이기구

어트랙션 (놀이기구)	제트 코스터	관람차
アトラクション	ジェットコースター	観覧車
아토라쿠숀	젯토 코-스타-	칸란샤

토할 것 같아!	바이킹	회전목마
吐きそう！	バイキング	メリーゴーランド
하키소-	바이킹구	메리-고-란도

속 안 좋아!	공중그네	커피잔
気持ち悪い！	空中ブランコ	コーヒーカップ
키모치 와루이	쿠-츄- 부랑코	코-히-캅푸

유령의 집	자이로드롭	아~ 죽는 줄 알았다.
幽霊屋敷	フリーフォール	あぁ～、死ぬかと 思った。
유-레- 야시키	후리- 훠-루	아아 시누카토 오못타

퍼레이드	프리 패스	패스트 패스 (FP: FASTPASS)
パレード	フリーパス	ファストパス
파레-도	후리-파스	화스토 파스　대기 시간이 짧은 티켓.

164

디즈니랜드 BEST ③

미키의 필하매직 (Mickey's PhilharMagic)

ミッキーのフィルハーマジック

믹키-노 휘루하-마직쿠

빅 선더 마운틴 (Big Thunder Mountain)

ビックサンダー マウンテン

빅쿠 산다- 마운텐

미키의 집과 밋 미키 (Mickey's House and Meet Mickey)

ミッキーの家とミート ミッキー

믹키-노 이에토 미-토 믹키-

디즈니시 BEST ③

"살루도스 아미고스!" 그리팅 독 (¡Saludos Amigos! Greeting Dock)

"サルードス・アミーゴス！" グリーティングドック

사루-도스 아미-고스 구리-팅구 독쿠

터틀 토크 (Turtle Talk with Crush)

タートル・トーク

타-토루 토-쿠

마을 축복 장소 (Village Greeting Place)

ヴィレッジ・グリーティングプレイス

비렛지 구리-팅구 푸레이스

유니버설 스튜디오 재팬 BEST ③

해리포터와 금지된 여행 (Harry Potter and the Forbidden Journey)

ハリー・ポッター・アンド・ザ・フォービドゥン・ジャーニー

하리- 폿타- 안도 자 훠-비둔 쟈-니-

더 어메이징 어드벤처 어브 스파이더맨 더 라이드 (The Amazing Adventures of Spider-man the Ride)

アメージング・アドベンチャー・オブ・スパイダーマン・ザ・ライド

아메-징구 아도벤챠- 오브 스파이다-망 자 라이도

할리우드 드림 더 라이드 (Hollywood Dream the Ride)

ハリウッド・ドリーム・ザ・ライド

하리웃도 도리-무 자 라이도

16 하토버스 はとバス 하토바스

준비하다
일국·출국하다
이동하다
걷다
자다
먹다
즐기다
사다
해결하다
교류하다

하토버스 질문

하토버스를 타고 싶은데요.
はとバスに乗りたいんです。
하토바스니 노리타인데스

어떤 코스가 있어요? ### どんな コースが ありますか？ 돈나 코-스가 아리마스카	예약은 어디서 해요? ### 予約は どこで しますか？ 요야쿠와 도코데 시마스카

하토버스 ### はとバス 하토바스	시내 관광 ### 市内観光 시나이 캉코-	반일 코스 ### 半日コース 항니치 코-스	1일 코스 ### 一日コース 이치니치 코-스
야간 코스 ### 夜のコース 요루노 코-스	오후 출발 ### 午後スタート 고고 스타-토	식사 포함 ### 食事付き 쇼쿠지 쯔키	~둘러봄 ### ~巡り 메구리

2층 버스 ### 二階建てバス 니카이 다테 바스	2층 오픈 버스 ### 二階建てオープンバス 니카이 다테 오-푼 바스	키티짱 버스도 있어요! ### キティちゃんバスもありますよ！ 키티짱 바스모 아리마스요

어느 쪽 버스가 좋으세요? ### どちらの バスが いいですか？ 도치라노 바스가 이-데스카	몇 시간인가요? ### 何時間ですか？ 난지캉데스카　(26쪽 시간 참고)
몇 시부터 몇 시까지인가요? ### 何時から 何時までですか？ 난지카라 난지마데데스카	팸플릿 있으면 받을 수 있을까요? ### パンフレットがあったらもらえますか？ 팜후렛토가 앗타라 모라에마스카

표 구입

| 반일 코스로.
半日コースで。
한니치 코-스데 | 1일 코스로 부탁드립니다.
一日コースでお願いします。
이치니치 코-스데 오네가이시마스 |

| 타는 곳
乗り場
노리바 | 승차권
乗車券
죠-샤켄 | 요금
料金
료-킹 |

출발지

| 출발지
出発地
슛빠츠치 | 어디에서 출발해요?
どこから 出発しますか？
도코카라 슛빠츠 시마스카 |

출발 시간

출발 시간
出発時間
슛빠츠 지캉

출발은 ~시 ~분입니다.
出発は～時～分です。
슛빠츠와 ~지 ~뿐데스

도착

마무리는 ~가 됩니다.
終了は～になります。
슈-료-와 ~니 나리마스

~역에는 돌아오나요?
～駅には 戻りませんか？
에키니와 모도리마셍카

집합 시간

| 집합 시간
集合時間
슈-고- 지캉 | 집합 장소
集合場所
슈-고- 바쇼 |

~시 ~분까지는 여기로 모여 주세요.
～時～分までに ここに 集まって ください。
지 ~뿐마데니 코코니 아츠맛테 쿠사다이

~시 ~분까지는 버스로 돌아와 주세요.
～時～分までに バスに お戻り ください。
지 ~뿐마데니 바스니 오모도리 쿠다사이

17 티켓 구입 チケット購入 치켓토 코-뉴-

티켓 구입

티켓
チケット
치켓토

입장권
入場券
뉴-죠-켄

놀이기구 승차권
乗り物券
노리모노켄

+

어른
大人
오토나

어린이
子供
코도모

매표소
切符売り場
킷뿌 우리바

입장료
入場料
뉴-죠-료-

+

1장
1枚
이치마이

2장
2枚
니마이

3장
3枚
상마이

+

포함
～込み
코미

주세요.
ください。
쿠다사이

매진
売り切れ
우리키레

품절
品切れ
시나기레

변경

캔슬하고 싶은데요…
キャンセル したいんですけど・・・
칸세루 시타인데스케도

시간을 변경하고 싶은데요…
時間を 変更 したいんですが・・・
지캉오 헨코- 시타인데스가

한 사람분 캔슬하고 싶은데요…
一人分 キャンセル したいんですが・・・
히토리붕 캰세루 시타인데스가

환불은 가능한가요?
払い戻しは できますか?
하라이 모도시와 데키마스카

18 날씨와 계절 天気と季節 텐키토 키세츠

계절

봄 春 하루	여름 夏 나츠
가을 秋 아키	겨울 冬 후유

날씨

날씨 天気 텡키	일기예보 天気予報 텡키요호-	맑음 晴れ 하레	흐림 曇り 쿠모리
장마 梅雨 쯔유	태풍 台風 타이후-	폭우 大雨 오-아메	

비(가 내리다) 雨(が 降る) 아메(가 후루)	
눈(이 내리다) 雪(が 降る) 유키(가 후루)	
바람(이 불다) 風(が 吹く) 카제(가 후쿠)	

따뜻하다 暖かい 아타타카이	
덥다 暑い 아츠이	
무덥다 蒸し暑い 무시아츠이	
시원하다 涼しい 스즈시-	

춥다 寒い 사무이	쌀쌀하다 肌寒い 하다자무이

맑은 후 흐림 晴れ のち 曇り 하레 노치 쿠모리	
맑음 때때로 흐림 晴れ 時々 曇り 하레 토키도키 쿠모리	

준비하다 | 입국·출국하다 | 이동하다 | 걷다 | 자다 | 먹다 | 즐기다 | 사다 | 해결하다 | 교류하다

사진 写真 샤싱	사진을 찍다 写真を撮る 샤싱오 토루	찍을게요! 撮りますよ！ 토리마스요	자, 치즈! はい、チーズ！ 하이 치-즈

사진 부탁

실례지만, 사진 좀 찍어 주시겠어요?
すみませんが、写真を撮っていただけませんか？
스미마셍가 샤싱오 톳테 이타다케마셍카

이 버튼을 누르면 돼요.
このボタンを押すだけでいいです。
코노 보탕오 오스 다케데 이-데스

저 성을 배경으로 찍고 싶은데요.
あの城をバックに撮りたいんですけど。
아노 시로오 박쿠니 토리타인데스케도

함께 사진을 찍어주실 수 있나요?
一緒に写真を撮っていただけませんか。
잇쇼니 샤싱오 톳테 이타다케마셍카

흔들려서 그러는데
ブレたので
부레타노데

눈을 감아서 그러는데
目をつぶったので
메오 쯔붓타노데

+

한 장 더 부탁드려요.
もう一枚、お願いします。
모- 이치마이 오네가이시마스

여기서 사진을 찍어도 되나요?

ここで写真を撮ってもいいですか？

코코데 샤싱오 톳테모 이-데스카

플래시를 터뜨려도 되나요?

フラッシュをつけてもいいですか？

후랏슈오 쯔케테모 이-데스카

비디오 촬영을 해도 되나요?

ビデオ撮影してもいいですか？

비데오 사츠에-시테모 이-데스카

↓

네, 괜찮아요.

はい、いいです。

하이 이-데스

이곳은 촬영 금지예요.

ここは撮影禁止です。

코코와 사츠에- 킹시데스

↓

사진 보내 드리고 싶은데요…

写真を送りたいんですが・・・

샤싱오 오쿠리타인데스가

메일 주소 알려 주시겠어요?

メールアドレスを教えていただけますか？

메-루 아도레스오 오시에테 이타다케마스카

준비하다

잃못 출국하다

이동하다

걷다

자다

먹다

즐기다

사다

해결하다

교류하다

Trip8 사다 買う
카 우

이것도 갖고 싶다!
これも欲しい！
코레모 호시-

고민된다!
迷っちゃう！
마욧챠우

저것도 갖고 싶다!
あれも欲しい！
아레모 호시-

172

백화점

백화점 **デパート・百貨店** 데파-토 · 학카텡	다이마루 だい まる **大丸** 다이마루	미츠코시 みつ こし **三越** 미츠코시	세이부 せい ぶ **西武** 세이부	이세탄 い せ たん **伊勢丹** 이세탄

한큐 백화점 はん きゅう ひゃっ か てん **阪急百貨店** 항큐- 학카텡	소고 **そごう** 소고-	다카야마야 たか やま や **高山屋** 타카야마야	게이오 백화점 けい おう ひゃっ か てん **京王百貨店** 케이오- 학카텡

전자제품

BIG CAMERA **ビックカメラ** 빅쿠카메라	쇼핑몰 **ショッピングモール** 숍핑구 모-루	이온 **イオン** 이온	이토요카도 **イトーヨーカドー** 이토-요-카도-

100엔숍 ひゃく えん **100円ショップ** 햐쿠엔 숍푸	다이소 **ダイソー** 다이소-

편의점 **コンビニ** 콤비니	세븐일레븐 **セブンイレブン** 세분이레븐

약·화장품·음료 등

드러그스토어 **ドラッグストア** 도락구스토아

일본 편의점은 한국과 달리 화장실을 이용할 수 있지만 따로 음식 먹는 곳이 마련되어 있지 않다.

로손 **ローソン** 로-손	패밀리마트 **ファミリーマート** 화미리-마-토

슈퍼 **スーパー** 스-파	시장 いち ば **市場** 이치바	상점가 しょう てん がい **商店街** 쇼-텡가이

등 ちょう ちん **提灯** 쵸-칭	아케이드 **アーケード** 아-케-도

책

서점 しょ てん **書店** 쇼텡	책방 ほん や **本屋** 홍야	기노쿠니야 서점 き の くに や しょ てん **紀伊国屋書店** 키노쿠니야 쇼텡	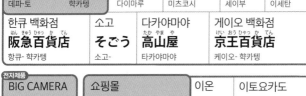	삼성당 서점 さん せい どう しょ てん **三省堂書店** 상세이도- 쇼텡

북오프 (BOOK-OFF) **ブックオフ** 북쿠오후	게오 (GEO) **ゲオ** 게오	ゲーム(게-무:게임), 古本(ふるほん:후루홍:헌책), CD 등을 대여하거나 싸게 구입할 수 있는 곳이다.	매점 ばい てん **売店** 바이텡

02 쇼핑의 흐름 買い物の 流れ 카이모노노 나가레

준비하다 | 입국·출국하다 | 이동하다 | 걷다 | 자다 | 먹다 | 즐기다 | 사다 | 해결하다 | 교류하다

입구

어서 오세요.
いらっしゃいませ。
이랏샤이마세

Yes →

~을 원하는데요.
〜が 欲しいんですけど。
가 호시인데스케도

뭐 찾으세요?
何を お探しですか？
나니오 오사가시데스카

이건 어떠세요?
これは いかがですか？
코레와 이카가데스카

No ↓

No ↓ | Yes ↓

음, 조금 생각해 볼게요.
ウーン、ちょっと 考えます。
우-응 촛토 칸가에마스

보기만 할게요.
見てる だけです。
미테루 다케데스

나중에 살게요.
またに します。
마타니 시마스

음, 괜찮아요. (거절)
ウーン、いいです。
우-응 이-데스

이 경우 いいです(이-데스:괜찮아요)는 거절을 의미하지만, 그래서 いいです(소레데 이-데스:그걸로 좋아요)라고 할 때는 승낙을 의미한다.

좋네요. 그걸로 할게요.
いいですね。それにします。
이-데스네   소레니 시마스

03 계산 計算 케-산

가격

값 **値段** 네단	가격 **価格** 카카쿠

정가 **定価** 테-카	

할인

파격가 **激安** 게키야스	할인 **割引** 와리비키

가격 할인
 値引き
 네비키

반값 할인
 半額セール
 항가쿠 세-루

세일
 セール
 세-루

30% 할인
 3割引
 상와리비키

Sale!

세금

소비세 **消費税** 쇼-히제이	세금 포함 **税込み** 제이코미	세금 별도 **税別** 제이베츠	~별도 **〜抜き** 누키

소비세가 포함되어 있나요?
消費税込みですか？
쇼-히제이코미데스카

消費税

아니요, 세금이 포함되지 않은 가격이에요.
いいえ、税抜きの値段です。
이-에 제이누키노 네단데스

소비세가 붙어서 합계 ~엔이에요.
消費税がかかりまして合計～円です。
쇼-히제이가 카카리마시테 고-케- ~ 엔데스

네, 그래요.
はい、そうです。
하이 소-데스

예

이온
イオン
이온

PRICE
本体100円
(税込み108円)

유니클로
ユニクロ
유니쿠로

PRICE
100円
(税別)

무인양품
無印良品
무지루시 료-힝

PRICE
108円
(税込み)

사
 다

02
 쇼핑의 흐름

03
 계산

175

준비하다
입국·출국하다
이동하다
걷다
자다
먹다
즐기다
사다
해결하다
교류하다

결제 방법

이걸로 할게요.
これに します。
코레니 시마스

→ 고맙습니다.
ありがとうございます。
아리가토-고자이마스

계산

계산은요?
お支払いは？
오시하라이와

↓

クレジットカード(쿠레짓토 카-도:신용카드)를 줄여 주로 カード라고 말한다.

카드	현금	여행자수표
カード	**現金**	**トラベラーズチェック**
카-도	겐킹	토라베라-즈 첵쿠

+ 로 부탁드려요.
で お願いします。
데 오네가이시마스

카드 계산은요?
カードの お支払いは？
카-도노 오시하라이와

→

일시불	할부
1括払い	**分割払い**
잇카츠바라이	붕카츠바라이

3개월	6개월
3ヶ月	**6ヶ月**
상카게츠	록카게츠

카드 쓸 수 있어요?
カード 使えますか？
카-도 쯔카에마스카

+ 로.
で。
데

↓

죄송합니다.
申し訳ございません。
모-시와케 고자이마셍

카드는 사용하실 수 없습니다.
カードは お使い いただけません。
카-도와 오츠카이 이타다케마셍

네.
はい。
하이

사용하실 수 있어요.
お使いに なれます。
오츠카이니 나레마스

176

거스름돈
おつり · お返し
오츠리   오카에시

거스름돈은 250엔입니다.
250円の お返しで ございます。
니햐쿠고쥬-엔노 오카에시데 고자이마스

おつりと お返しは 같은 말로, お返し 쪽이 백화점 같은 곳에서 들을 수 있는 정중한 말이다.

영수증

영수증
領収書
료-슈-쇼

리시트
レシート
레시-토

レシート(레시-토)는 가게의 포스, 즉 계산하는 기계에서 나오는 영수증, 領収書(りょうしゅうしょ:료-슈-쇼)라고 하면 종이에 00 앞으로 써 주는 종이 영수증을 말한다. 따라서 領収書를 달라고 하면 이름을 물어보고 보통 임의로 써 달라고 하면 上(うえ:우에:앞)로 쓰게 된다.

성함은?
お名前は · · · ?
오나마에와

성함은 임의로 괜찮으세요?
お名前は 上様で よろしいですか?
오나마에와 우에사마데 요로시-데스카

임의로.
上様で。
우에사마데

네, 임의로.
はい、上様で。
하이 우에사마데

様(さま:사마:님)

포장

선물하실 건가요?
プレゼントですか?
프레젠토데스카

집에 가져가시나요?
ご自宅用ですか?
고지타쿠요-데스카

포장해
包んで
쯔츤데

봉지에 넣어
袋に 入れて
후쿠로니 이레테

봉지 하나 더
袋、もう一枚
후쿠로 모- 이치마이

따로따로 포장해
別々に 包んで
베츠베츠니 쯔츤데

+

주세요.
ください。
쿠다사이

사
다

03
계
산

177

교환, 환불

교환	교체	반품		할 수 있어요?
交換	取替え	返品	+	できますか？
코-칸	토리카에	헨핑		데키마스카

다른 제품으로 교환할 때는 交換, 물건에 이상이 있어서 같은 제품으로 바꿀 때는 取替え, 그냥 구입하지 않기로 할 때는 返品을 쓴다.

Yes┃ No┃----------------

10일	일주일
十日	一週間
토오카	잇슈-캉

죄송합니다. 불가능합니다.
申し訳ございません。できかねます。
모-시와케 고자이마셍   데키카네마스

+

이내로 영수증과 함께 가져 오시면 가능합니다.
以内に レシートと 一緒に お持ち いただければ 可能です。
이나이니 레시-토토 잇쇼니 오모치 이타다케레바 카노-데스

고맙습니다.
ありがとうございました。
아리가토-고자이마시타

매번!	매번 고맙습니다.
毎度！	毎度、ありがとうございます。
마이도	마이도 아리가토-고자이마스

또 오세요.
またお越しくださいませ。
마타 오코시 쿠다사이마세

178

04 선물 お土産 오미야게

선물 추천

회사 사람
会社の人

카이샤노 히토

어머니
お母さん
오카-상

친구
友達
토모다치

아이
子供
코도모

+

의 선물인데요, 어떤 것이 좋을까요?
へのお土産なんですが、どんなのが いいですか？
에노 오미야게 난데스가 돈나노가 이-데스카

의 선물인데요, 추천할 만한 거 있어요?
へのお土産なんですが、おすすめは ありますか？
에노 오미야게 난데스가 오스스메와 아리마스카

이 지방의 선물로 뭐가 좋아요?
この地方のお土産として何がいい ですか？
코노 치호-노 오미야게 토시테 나니가 이-데스카

풍경
風鈴

후우링

목각 인형
こけし

코케시

500엔 정도로요.
500円ぐらいで。
고햐쿠엔 구라이데

입소문 일본 선물

무히 패치
ムヒパッチ

무히 팟치

액체 무히 (물파스)
ムヒ液体
무히 에키타이

벌레에 쏘임
虫刺され

무시사사레

가려움증 약
かゆみ止め

카유미도메

일본 전통 과자
和菓子
와가시

오타이산 (위장약)
大田胃酸
_{おお} _た _い _{さん}
오-타이상

과음
飲みすぎ
_の
노미스기

속쓰림
胸やけ
_{むね}
무네야케

더부룩한 속에
胃の不快感に
_い _ふ _{かい} _{かん}
이노 후카이칸니

카베진
キャベジン
양배추로부터
추출한
위장약.
카베진

위장약
胃腸薬・胃薬
_い _{ちょう} _{やく} _い _{ぐすり}
이쵸-야쿠　이구스리

동전 파스
ロイヒつぼ膏
_{こう}
로이히 쯔보 코-

심한 통증에 시원하게 듣는
つらい痛みにスーッと効く
_{いた} _き
쯔라이 이타미니 스-읏토 키쿠

어깨결림
肩こり
_{かた}
카타코리

요통에
腰痛に
_{よう} _{つう}
요-츠-니

쿨
クール
쿠-루

아이봉 (눈 세척제)
アイボン
아이봉

눈병 예방에
眼病予防に
_{がん} _{びょう} _よ _{ぼう}
간뵤- 요보-니

콘택트렌즈를 뺀 후에
コンタクトを外した後に
_{はず} _{あと}
콘타쿠토오 하즈시타 아토니

손톱깎이
つめきり・爪切り
쯔메키리

스타킹
ストッキング
스톡킹구

냉각시트
熱さまシート
네츠사마 시-토

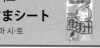

냉각지속 알갱이
冷感持続ツブ
레-캉 지조쿠 쯔부

해열시트
冷えピタ
히에 피타

열 응급 시트
熱救急シート
네츠큐-큐- 시-토

피부 자극이 없다
肌にやさしい
하다니 야사시이

잘 떼어지지 않는다
はがれにくい
하가레 니쿠이

사론파스
サロンパス
사론파스

레귤러 사이즈
レギュラーサイズ
레규라- 사이즈

밀리지 않고 피부에 부드럽다
ムレがなく肌にやさしい
무레가 나쿠 하다니 야사시이

다리(장딴지) 등에
足(ふくらはぎ)などに
아시(후쿠라하기) 나도니

손님을 부르는 고양이
招き猫
마네키 네코

가게의 번창을 바라는 마음으로 가게 앞에
세워 두는 고양이.

준비하다
입국·출국하다
이동하다
걷다
자다
먹다
즐기다
사다
해결하다
교류하다

옷 가게는 어디예요? **服売り場はどこですか？** 후쿠 우리바와 도코데스카	여자용 **女性用** 죠세-요-	남자용 **男性用** 단세-요-	아이용 **子供用** 코도모요-

옷 종류

정장 (남녀) **スーツ**	양복 **背広** 세비로	재킷 **ジャケット** 쟈켓토	점퍼 **ジャンパー** 잠파-
패딩 **ダウンジャケット** 다운 쟈켓토	조끼 **ベスト** 베스토		스웨터 **セーター** 세-타-
카디건 **カーディガン** 카-디간	원피스 **ワンピース** 완피-스	수영복 **水着** 미즈기	여자 수영복은 着る (키루)를 쓰지만, 남자 수영복은 바지로 보고 履く(하쿠)를 쓴다.
블라우스 **ブラウス** 부라우스	티셔츠 **Tシャツ** 티-샤츠	을/를 입다 (상의) **を着る** 오 키루	

긴소매 **長袖** 나가소데	반소매 **半袖** 항소데	민소매 **ノースリーブ** 노-스리-부	
반바지 **半ズボン** 항즈봉	긴바지 **長ズボン** 나가즈봉	탱크 톱 (여자) **タンクトップ** 탄쿠 톱푸	러닝 셔츠 (남자) **ランニングシャツ** 란닝구 샤츠

바지	진 (Jean)	청바지	스커트
ズボン	**ジーンズ**	**ジーパン**	**スカート**
즈봉	지-인즈	지-팡	스카-토

양말	스타킹	속옷	트렁크스
靴下 くつした	**ストッキング**	**下着** したぎ	**トランクス**
쿠츠시타	스톡킹구	시타기	토랑쿠스

남자 수영복 바지	을/를 입다 (하의)
海水パンツ・海パン かいすい　　　　かい	**を 履く** は
카이스이 판츠 · 카이팡	오 하쿠

모자

모자	야구모자	캡	밀짚모자
帽子 ぼうし	**野球帽** やきゅうぼう	**キャップ(帽)** ぼう	**麦わら帽子** むぎ　　　ぼうし
보-시	야큐- 보-	캅푸 (보-)	무기와라 보-시

써 봐도 될까요?	을/를 쓰다 (모자)
かぶって みても いいですか？	**を かぶる**
가붓테 미테모 이-데스카	오 카부루

챙이	+	긴	짧은	넓은
つばが		**長い** なが	**短い** みじか	**広い** ひろ
쯔바가		나가이	미지카이	히로이

있는	없는	+	것이 좋아요.
ある	**ない**		**のが いいです。**
아루	나이		노가 이-데스

183

장갑

장갑 手袋 테부쿠로	벙어리장갑 (mitten) ミトン 미톤	을/를 끼다 (장갑) を はめる 오 하메루

목도리

스카프 スカーフ 스카-후	목도리 マフラー 마후라-	을/를 하다 (돌리다) を 巻く 오 마쿠

넥타이

넥타이 ネクタイ 네쿠타이	을/를 묶다 を 結ぶ 오 무스부		벨트 ベルト 베루토	을/를 조이다 を 締める 오 시메루

헌옷 古着 후루기	헌옷 가게 古着屋 후루기야	구제품 · 빈티지 ビンテージ · ヴィンテージ 빈테-지　뷘테-지

소품

손수건 ハンカチ 항카치	핸드폰 줄 ストラップ 스토랍푸
열쇠고리 キーホルダー 키-호루다-	명함집 名刺入れ 메-시 이레

어떤 색이 좋으세요?
どんな 色が よろしいですか？
돈나 이로가 요로시-데스카

色(いろ:이로:색)를 빼고 말해도 뜻이 통한다.

흰색 白色 시로이로	검정색 黒色 쿠로이로	빨간색 赤色 아카이로	노란색 黄色 키이로	녹색 緑色 미도리이로	회색 灰色 하이이로
보라색 紫色 무라사키이로	남색 紺色 콘이로	파란색 青色 아오이로	황록색 黄緑色 키미도리이로	파스텔 색 パステルカラー 파스테루 카라-	

핑크 · 분홍색 ピンク · 桃色 핑쿠　모모이로	주황색 オレンジ · 橙色 오렌지　다이다이이로	베이지 ベージュ · 肌色 베-쥬　하다이로

다른 색은 없어요?
他の 色は ありませんか？
호카노 이로와 아리마셍카

No →

없어요.
ありません。
아리마셍

없습니다.
ございません。
고자이마셍

이 색밖에 없어요.
この 色しか ありません。
코노 이로시카 아리마셍

Yes ↓

있어요.
あります。
아리마스

네, 있습니다.
はい、 ございます。
하이 고자이마스

검정과 흰색이 있어요.
黒と 白が あります。
쿠로토 시로가 아리마스

준비하다
핵국·출국하다
이동하다
걷다
자다
먹다
즐기다
사다
해결하다
교류하다

천 종류

면 綿 めん 멘	마 麻 あさ 아사	인견 (레이온) レーヨン 레-용	실크 シルク 시루쿠	울 ウール 우-루
폴리에스테르 ポリエステル 포리에스테루	가죽 革 かわ 카와	나일론 ナイロン 나이론		

탈의실

입어 봐도 될까요?
着てみても いいですか？
키테 미테모 이-데스카

정말 本当に ほん とう 혼토-니	아주 とても 토테모

↓

저쪽을 쓰세요.
あちらで どうぞ。
아치라데 도-조

잘 어울려요.
よく お似合いですね。
요쿠 오니아이데스네

사이즈

어떠세요?
いかがですか？
이카가데스카

마음에 들어요.
気に 入りました。
き い
키니 이리마시타

딱 좋은데요.
ちょうど いいです。
쵸-도 이-데스

딱 맞아요.
ぴったりですね。
핏타리데스네

좀 **ちょっと** 촛토	커요. **大きいです。** 오-키-데스	작아요. **小さいです。** 치-사이데스
	길어요. **長いです。** 나가이데스	짧아요. **短いです。** 미지카이데스

 꽉 껴요. **きついです。** 키츠이데스	헐렁해요. **ゆるいです。** 유루이데스	화려하네요. **派手です。** 하데데스	수수하네요. **地味です。** 지미데스

더 **もっと** 못토	큰 사이즈 **大きい サイズ** 오-키- 사이즈	밝은 색 **明るい 色** 아카루이 이로
좀 더 **もうちょっと** 모- 춋토	작은 사이즈 **小さい サイズ** 치-사이 사이즈	차분한 색 **落ち着いた 色** 오치츠이타 이로

+

디자인

다른 디자인 **他の デザイン** 호카노 데자인	없나요? **ありませんか？** 아리마셍카
다른 색 **他の 色** 호카노 이로	있나요? **ありますか？** 아리마스카

가방

바퀴가 달린 가방 있어요?

コロコロが付いてるカバン、ありますか？

코로코로가 쯔이테루 카방 아리마스카

가볍고 튼튼한	바퀴 달린 가방
軽くて丈夫な	**キャスター付き・コロコロ付き**
카루쿠테 죠-부나	캬스타 쯔키 　　　 코로코로 쯔키

가방	백	여행가방 · 캐리어
カバン	**バッグ**	**スーツケース・トランク・キャリー**
카방	박구	스-츠케-스 　　 토랑쿠 　　 캬리-

보스턴백	숄더백
ボストンバッグ	**ショルダーバッグ**
보스톤 박구	쇼루다- 박구 　어깨에 메는 가방은 모두 ショルダー・バッグ (쇼루다- 박구)라고 한다.

손가방		핸드백
手提げカバン	손으로 들거나 손목에 걸면 모두 手提げカバン(테사게 가방)이라고 한다.	**ハンドバッグ**
테사게 카방		한도 박구

토트백	파우치	에코백
トートバッグ	**ポーチ**	**エコバッグ**
토-토 박구	포-치	에코 박구

비닐봉투	비즈니스 가방 / 서류 가방
レジ袋	**ビジネスバッグ・書類バッグ**
레지 부쿠로	비지네스 박쿠 　　　 쇼루이 박쿠

지갑	장지갑	반지갑
財布 さいふ 사이후	長財布 なが ざい ふ 나가 자이후	折りたたみ財布 お さい ふ 오리 타타미 사이후

동전지갑	물림쇠가 달린 돈지갑
小銭入れ こ ぜに い 코제니 이레	がま口財布 ぐち さい ふ 가마구치 사이후 열었을 때의 모습이 がま(가마: 두꺼비의 다른 이름)와 닮았다고 해서 붙여진 이름.

신어 봐도 될까요?	가볍고 편한 신발을 보여 주세요.
履いて みても いいですか？ は 하이테 미테모 이-데스카	軽くて 楽な 靴を 見せて ください。 かる らく くつ み 카루쿠테 라쿠나 쿠츠오 미세테 쿠다사이

신발	구두	단화	하이힐
履物 はき もの 하키모노	靴 くつ 쿠츠	ローファー 로-화-	ハイヒール 하이히-루
뮬 슬리퍼	샌들	부츠	
ミュール 뮤-루 뒤에 끈이 없는 것.	サンダル 산다루 뒤에 끈이 있는 것.	ブーツ 부-츠	
스니커	펌프스		
スニーカー 스니-카- 밑창이 고무로 된 운동화.	パンプス 팜푸스	끈이나 고리가 없고 발등이 깊이 파져 있는 여성용 구두.	
비치 샌들	조리 샌들	조리	
ビーチサンダル 비-치산다루	ゴム草履 ぞう り 고무조-리	草履 ぞう り 조-리	

준비하다 | 입국·출국하다 | 이동하다 | 걷다 | 자다 | 먹다 | 즐기다 | **사다** | 해결하다 | 교류하다

액세서리

세련된 디자인이네요.
おしゃれな デザインですね。
오샤레나 데자인데스네

달아 봐도 될까요?
付けて みても いいですか？
쯔케테 미테모 이-데스카

목걸이	초커 목걸이
ネックレス	**チョーカー**
넥쿠레스	쵸-카-

귀걸이	귀를 뚫지 않아도 착용할 수 있는 귀걸이.	피어스	귀에 구멍을 뚫어 착용하는 귀걸이.
イヤリング		**ピアス**	
이야링구		피아스	

팔찌	브로치
ブレスレット	**ブローチ**
브레스렛토	부로-치

보석 종류

다이아몬드
ダイヤ(モンド)
다이야(몬도)

진주	루비
真珠	**ルビー**
신쥬	루비-

에메랄드
エメラルド
에메라루도

천연석	사파이어
天然石	**サファイア**
텐넨세키	사화이아

진짜	이미테이션
本物	**イミテーション**
혼모노	이미테-숀

큐빅은 キュービックジルコニアー(큐-빅쿠 지루코니아-)라고도 하지만 이 말보다는 イミテーション(이미테-숀)이라는 말을 더 많이 쓴다.

핀

헤어핀	똑딱이핀	자동핀
ヘアピン	**パッチン止め**	**バレッタ**
헤아핑	팟친 도메	바렛타

곱창머리끈	머리띠	헤어밴드
シュシュ	**カチューシャ**	**ヘアバンド**
슈슈	카츄-샤	헤아반도

화장품

화장품 化粧品 <ruby>化粧品<rt>け しょう ひん</rt></ruby> 케쇼-힝	로션 ローション · 乳液 ローション · <ruby>乳液<rt>にゅう えき</rt></ruby> 로-숀 · 뉴-에키	스킨 化粧水 <ruby>化粧水<rt>け しょう すい</rt></ruby> 케쇼-스이
토너 トナー 토나-	에센스 美容液 <ruby>美容液<rt>び よう えき</rt></ruby> 비요-에키	보습크림 保湿クリーム <ruby>保湿<rt>ほ しつ</rt></ruby>クリーム 호시츠 쿠리-무
영양크림 栄養クリーム <ruby>栄養<rt>えい よう</rt></ruby>クリーム 에이요- 쿠리-무	볼터치 チーク 치-쿠	아이섀도 アイシャドウ 아이샤도우
립스틱 リップ · 口紅 リップ · <ruby>口紅<rt>くち べに</rt></ruby> 립푸 · 쿠치베니	기름 종이 油取り紙 <ruby>油<rt>あぶら</rt></ruby><ruby>取<rt>と</rt></ruby>り<ruby>紙<rt>かみ</rt></ruby> 아부라 토리 카미	
자외선 차단제 日焼け止め <ruby>日焼<rt>ひ や</rt></ruby>け<ruby>止<rt>ど</rt></ruby>め 히야케 도메	자외선 차단 크림 日焼け止めクリーム <ruby>日焼<rt>ひ や</rt></ruby>け<ruby>止<rt>ど</rt></ruby>めクリーム 히야케 도메 쿠리-무	
네일 ネイル 네이루	향수 香水 <ruby>香水<rt>こう すい</rt></ruby> 코-스이	무스 ヘアムース 헤아무-스

파운데이션

리퀴드 · 액체
リキッド · 液体
리킷도　에키타이

+

파운데이션
ファンデーション
환데-숀

파우더 · 가루
パウダー · 粉
파우다-　코나

촉촉한 타입
しっとり タイプ
싯토리 타이푸

산뜻한 타입
さっぱり タイプ
삿빠리 타이푸

크림
クリーム
쿠리-무

기초크림
下地クリーム
시타지 쿠리-무

비비크림
B · Bクリーム
비-비- 쿠리-무

미용기구

마스카라
マスカラ
마스카라

뷰러
ビューラー
뷰-라-

쌍꺼풀 전용
二重まぶた用
후타에 마부타요-

풀
のり
노리

+

붙인 속눈썹
付けまつげ
쯔케 마츠게

쌍꺼풀 메이크 전용
二重メイク用
후타에 메이쿠요-

실
シール
시-루

매직기
ストレートアイロン
스토레-토 아이론

드라이어
ドライヤー
도라이야-

192

피부

어떤 피부예요?
何肌ですか？
나니하다데스카

건성 피부 **乾燥肌** 칸소-하다	지성 피부 **脂性肌** 아부라쇼-하다	보통 피부 **普通肌** 후츠-하다

민감성 피부
敏感肌
빙칸하다

복합성 피부
混合肌
콩고-하다

\+

예요.
です。
데스

에 좋아요.
にいいですよ。
니 이-데스요

효과

주름 **皺** 시와	기미 **シミ** 시미	여드름 **ニキビ** 니키비
미백 **美白** 비하쿠	칙칙해짐 **くすみ** 쿠스미	축 처짐 **たるみ** 타루미

축 처진 피부 **肌の たるみ** 하다노 타루미	칙칙한 피부 **肌の くすみ** 하다노 쿠스미

\+

에 좋아요.
にいいですよ。
니 이-데스요

07 일용품 日用品 니치요-힝

목욕용품

칫솔
歯ブラシ
하부라시

치약
歯磨き粉
하미가키코

샴푸
シャンプー
샴푸-

린스
リンス
린스

트리트먼트
トリートメント
토리-토멘토

세안
洗顔
센간

클렌징 폼
クレンジング
쿠렌징구

클렌징 크림
化粧落とし・クレンジングクリーム
케쇼- 오토시　　쿠렌징구 쿠리-무

물로 씻는 타입
洗い流す タイプ
아라이나가스 타이푸

닦아 내는 타입
ふき取り タイプ
후키토리 타이푸

비누
石鹼
셋켕

물로 씻어도 됨
水洗いOK
미즈아라이 옥케-

워터 클렌징 시트
水クレンジング シート
미즈 쿠렌징구 시-토

46매
46枚
욘쥬-로쿠 마이

담배

담배
たばこ・タバコ・煙草
타바코

성냥
マッチ
맛치

라이터
ライター
라이타-

재떨이
灰皿
하이자라

194

면도기 髭剃り 히게소리	면도기 剃刀 카미소리	여성용 レディース用 레디-스요-

코털, 귓속털용 가위 鼻毛・耳毛用の鋏 하나게　미미게요-노 하사미	눈썹 커터 眉毛カッター 마유게 캇타

손톱깎이 爪きり 쯔메키리	생리대 生理用ナプキン 세-리요- 나푸킹	3개들이 3本入り 상봉이리

면봉 綿棒 멘보	수건 タオル 타오루	목욕 타월 バスタオル 바스타오루

유성 油性 유세-	수성 水性 스이세-	볼펜 ボールペン 보-루펜	펜 ペン 펜	연필 鉛筆 엔피츠	지우개 消しゴム 케시고무
부드러움 滑らか 나메라카	여러 색 多色 타쇼쿠	매직 マジック 마직쿠	LED볼펜 LED付きボールペン 에루이-디- 쯔키 보-루펜		

셀로판테이프 セロ(ハン)テープ 세로(항) 테-푸	포스트잇 ポストイット・付箋 포스토잇토　후셍

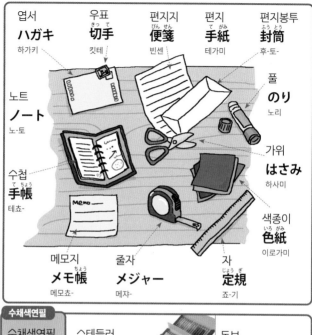

엽서
ハガキ
하가키

우표
きって
切手
킷테

편지지
びんせん
便箋
빈센

편지
てがみ
手紙
테가미

편지봉투
ふうとう
封筒
후-토-

풀
のり
노리

노트
ノート
노-토

수첩
てちょう
手帳
테쵸-

가위
はさみ
하사미

색종이
いろがみ
色紙
이로가미

메모지
メモちょう
メモ帳
메모쵸-

줄자
メジャー
메쟈-

자
じょうぎ
定規
죠-기

수채색연필

수채색연필
すいさいえんぴつ
水彩鉛筆
스이사이 엔피츠

스테들러
ステッドラー
스텟도라-

돈보
トンボ
톤보

Tombow

24색
にじゅうよんしょく
24色
니쥬-욘 쇼쿠

워터브러시
すいひつ
水筆ペン
스이히츠 펜

파버카스텔
ファーバーカステル
화-바- 카스테루-

196

08 쇼핑 트러블 ショッピング トラブル 숍핑구 토라부루

계산

계산이 안 맞는데요…
計算が合わないんですけど・・・
케-산가 아와나인데스케도

영수증
レシート
레시-토

이 돈은 뭔가요?
このお金は何ですか？
코노 오카네와 난데스카

돈은요?
お金は・・・？
오카네와

이건 안 산 건데요…
これ、買ってないんですけど・・・
코레 캇테 나인데스케도

이미 냈어요.
もう払いました。
모- 하라이마시타

유통기한

유통기한은 언제까지인가요?
賞味期限はいつまでですか？
쇼-미키겐와 이츠마데데스카

어느 정도 보관할 수 있나요?
どれくらい持ちますか？
도레쿠라이 모치마스카

한국에 가서 냉장 보관하세요.
韓国に帰って冷凍庫に入れてください。
캉코쿠니 카엣테 레-조-코니 이레테 쿠다사이

일주일까지 괜찮아요.
一週間持ちますよ。
잇슈-캉 모치마스요

한국에 돌아가 냉장 보관하면 얼마나 가나요?
韓国に帰って冷蔵庫に入れればどのくらい持ちますか？
캉코쿠니 카엣테 레-조-코니 이레레바 도노쿠라이 모치마스카

개봉 후에는 빨리 드세요.
開封後は早めに召し上がってください。
카이후-고와 하야메니 메시아갓테 쿠다사이

07 일용품

08 쇼핑 트러블

197

준비하다
일락·출국하다
이동하다
걷다
자다
먹다
즐기다
사다
해결하다
교류하다

Trip9 해결하다 <ruby>解決<rt>かい けつ</rt></ruby>する
카이 케츠 스 루

큰일났어요! 지갑이 없어졌어요.
<ruby>大変<rt>たい へん</rt></ruby>です！ <ruby>財布<rt>さい ふ</rt></ruby>が <ruby>無<rt>な</rt></ruby>くなりました。
타이헨데스　　　　　　사이후가 나쿠나리마시타

01 병원 病院 보-잉

병원 주요 단어

병원 病院 보-잉	약국 薬屋 · 薬局 쿠스리야 · 약쿄쿠	의사 医者 이샤
간호사 看護師 칸고시	환자 患者 칸쟈	치과의사 歯医者 하이샤

병원

내과 内科 나이카	외과 外科 게카	치과 歯科 시카
소아과 小児科 쇼-니카	이비인후과 耳鼻科 지비카	비뇨기과 泌尿器科 히뇨-키카
피부과 皮膚科 히후카	안과 眼科 간카	정신과 精神科 세이신카
성형외과 整形外科 세-케-게카	산부인과 産婦人科 산후진카	응급병원 救急病院 큐-큐- 보-잉

준비하다
입국·출국하다
이동하다
걷다
자다
먹다
즐기다
사다
해결하다
교류하다

| 머리 頭 あたま 아타마 | 이 歯 は 하 | 배 お腹 なか 오나카 | 여기 ここ 코코 | + | 가 아파요. が痛いです. いた 가 이타이데스 |

몸

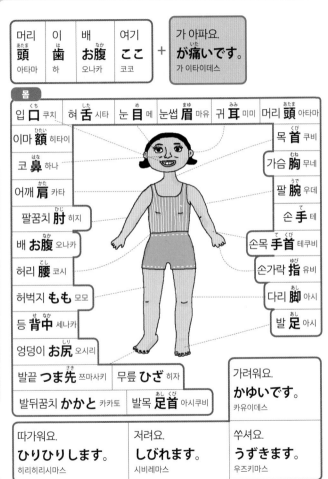

입 口 くち 쿠치 · 혀 舌 した 시타 · 눈 目 め 메 · 눈썹 眉 まゆ 마유 · 귀 耳 みみ 미미 · 머리 頭 あたま 아타마

이마 額 ひたい 히타이

코 鼻 はな 하나

어깨 肩 かた 카타

팔꿈치 肘 ひじ 히지

배 お腹 なか 오나카

허리 腰 こし 코시

허벅지 もも 모모

등 背中 せなか 세나카

엉덩이 お尻 しり 오시리

발끝 つま先 さき 쯔마사키

발뒤꿈치 かかと 카카토

목 首 くび 쿠비

가슴 胸 むね 무네

팔 腕 うで 우데

손 手 て 테

손목 手首 てくび 테쿠비

손가락 指 ゆび 유비

다리 脚 あし 아시

발 足 あし 아시

무릎 ひざ 히자

발목 足首 あしくび 아시쿠비

| 가려워요. かゆいです. 카유이데스 |

| 따가워요. ひりひりします. 히리히리시마스 | 저려요. しびれます. 시비레마스 | 쑤셔요. うずきます. 우즈키마스 |

| 목 喉 노도 | 뼈 骨 호네 | | 폐 肺 하이 |

심장 心臓 신조-

장 腸 쵸-

대장 大腸 다이쵸-

소장 小腸 쇼-쵸-

위 胃 이

신장 腎臓 진조-

맹장 盲腸 모-쵸-

방광 膀胱 보-코-

| 피 血 치 | 혈액형 血液型 케츠에키가타 |

| 혈압 血圧 케츠아츠 | 출혈 出血 슛케츠 | 수혈 輸血 유케츠 | 헌혈 献血 켄케츠 | | 빈혈 貧血 힝케츠 | 현기증 目眩 메마이 |

| 고혈압 高血圧 코-케츠아츠 | 당뇨병 糖尿病 토-뇨-뵤- | 천식 喘息 젠소쿠 | 알레르기 체질 アレルギー体質 아레루기-타이시츠 |

임신 중 妊娠中 닌신츄-

독감 インフルエンザ 인후루엔자

바이러스 ウィルス 위루스

준비하다
말, 출근하다
이동하다
걷다
자다
먹다
즐기다
사다
해결하다
교류하다

감기

열 熱 네츠	감기 風邪 카제	두통 頭痛 즈츠-

열이 있어요.
熱が あります。
네츠가 아리마스

열이 떨어지지 않아요.
熱が 下がりません。
네츠가 사가리마셍

목이 따끔따끔해요.
喉が ヒリヒリします。
노도가 히리히리 시마스

기침이 안 멈춰요.
咳が 止まりません。
세키가 토마리마셍

코가 막혀 답답해요.
鼻が 詰まって 苦しいです。
하나가 쯔맏테 쿠루시-데스

배탈

소화불량 胃もたれ 이모타레	과식 食べすぎ 타베스기	구역질 吐き気 하키케

식중독 食中毒 · 食当たり 쇼쿠츄-도쿠 쇼쿠아타리	설사 下痢 게리	변비 便秘 벤삐

속이 거북해요.
胸焼けが しています。
무네야케가 시테 이마스

속이 울렁거려요.
胸が むかむかします。
무네가 무카무카시마스

배탈이 났어요.
お腹を 壊しました。
오나카오 코와시마시타

토할 것 같아요.
吐きそうです。
하키소-데스

설사가 심해요.
下痢が ひどいんです。
게리가 히도인데스

상처 けが **怪我** 케가	접질림 ねん ざ **捻挫** 넨자	골절 こっ せつ **骨折** 콧세츠
두드러기 じん ま しん **蕁麻疹** 진마신		화상 **やけど** 야케도

드러그스토어

일본에서 가벼운 병에 걸렸을 때는 의사의 처방전 없이 구입할 수 있는 일반의약품 및 화장품 · 건강보조식품 · 음료 등 다양한 상품을 판매하는 드러그스토어를 이용하면 좋다.

근처에 드러그스토어가 있나요?
ちか
**近くに ドラッグストア
ありますか?**
치카쿠니 도락구스토아 아리마스카

화상을 입었어요.
やけど しました。
야케도 시마시타

다쳤어요.
けが
怪我を しました。
케가오 시마시타

벌레에 물렸어요.
むし さ
虫に 刺されました。
무시니 사사레마시타

삐었어요.
くじきました。
쿠지키마시타

요청

응급병원은 어디인가요?
きゅうきゅうびょういん
**救急病院は どこです
か？**
큐-큐-뵤-잉와 도코데스카

병원에 데려가 주세요.
びょういん つ い
**病院に 連れて 行って
ください。**
뵤-잉니 쯔레테 잇테 쿠다사이

구급차를 불러 주세요.
きゅうきゅうしゃ よ
**救急車を 呼んで くだ
さい。**
큐-큐-샤오 욘데 쿠다사이

보험 ほ けん **保険** 호켄	여행자보험에 가입했어요. りょこうしゃ ほ けん はい **旅行者 保険に 入って います。** 료코-샤 호켄니 하잇테 이마스

04 진찰 診察 신사츠

진료

어떻게 오셨어요? **どう しましたか？** 도- 시마시타카	배가 아파요. **お腹が 痛いです。** 오나카가 이타이데스
열이 있어요? **熱は ありますか？** 네츠와 아리마스카	조금 있어요. **少し 熱っぽいです。** 스코시 네츳뽀이데스

지금 복용 중인 약이 있나요?
今、飲んでる お薬は ありますか?
이마 논데루 오쿠스리와 아리마스카

언제부터였어요? **いつからですか?** 이츠카라데스카	어제 저녁부터요. **昨日の 夜からです。** 키노-노 요루카라데스
주사를 놓겠습니다. **注射します。** 츄-샤 시마스	그럼 팔을 걷어 주세요. **では、腕をまくってください。** 데와 우데오 마큇테 쿠다사이

검사할게요. 옆으로 누우세요.
診察します。 横に なって ください。
신사츠 시마스　요코니 낫테 쿠다사이

당뇨병 **糖尿病** 토-뇨-뵤-
고혈압 **高血圧** 코-케츠아츠

＋

의 약을 먹고 있어요.
の薬を 飲んで います。
노 쿠스리오 논데 이마스

있어요. **あります。** 아리마스	없어요. **ありません。** 아리마셍	네. **はい。** 하이	아니요. **いいえ。** 이-에

어떤 상태인가요?
どんな具合でしょうか？
돈나 구아이데쇼-카

낫는 데 얼마나 걸릴까요?
どのぐらいで治りますか？
도노구라이데 나오리마스카

처방

| 입원
入院
뉴-잉 | 수술
手術
슈쥬츠 | 엑스레이
レントゲン
렌토겐 | 주사
注射
쥬-샤 |

| 링거
点滴
텐테키 | 검사
検査
켄사 | + | 가 필요합니다.
が必要です。
가 히츠요-데스 | 하죠.
しましょう。
시마쇼- |

| 오줌
おしっこ
오식코 | 대변
大便
다이벤 | 응아
うんこ
응코 |

| 소변
小便
쇼-벤 | + | 의 검사를 하겠습니다.
の検査をします。
노 켄사오 시마스 |

이 용기에 담아, 놓을 곳이 있으니 거기 두고 오세요.
この容器に入れて、容器置き場があるので、そこに置いてきてください。
코노 요-키니 이레테 요-키 오키바가 아루노데 소코니 오이테키테 쿠다사이

건강 관리 잘 하세요!
お大事に！
오다이지니

약 구입

감기약 風邪薬 카제구스리	위장약 胃腸薬 이쵸-야쿠	
두통약 頭痛薬 즈츠-야쿠	멀미약 酔い止め 요이도메	항생제 抗生剤 코-세-자이
해열제 解熱剤 게네츠자이	진통제 鎮痛剤 친츠-자이	

+

을 주세요.
をください。
오 쿠다사이

진단서 診断書 신단쇼	처방전 処方箋 쇼호-센

복용 방법

1일 ~회 드세요.
1日 ～回、飲んで ください。
이치니치 ~카이 논데 쿠다사이

아침 朝 아사	점심 お昼 오히루	저녁 夜 요루	식후 食後 쇼쿠고	식전 食前 쇼쿠젠	~정 ～錠 죠-

약 먹었어요? **もう 薬を 飲みましたか？** 모- 쿠스리오 노미마시타카	Yes →	먹었어요. **もう 飲みました。** 모- 노미마시타
	No →	아직이요. **まだです。** 마다데스

06 재난·재해·사고 災難 사이난 · 災害 사이가이 · 事故 지코

위험을 알릴 때

위험해! **危ない！** 아부나이	큰일 났어! **大変だ！** 타이헨다	도망쳐! **逃げろ！** 니게로	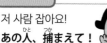

저 사람 잡아요! **あの人、捕まえて！** 아노 히토 쯔카마에테	

지진 **地震** 지신
진도~ **震度～** 신도

해일의 우려 **津波の恐れ** 쯔나미노 오소레	+	는 없습니다. **はありません。** 와 아리마셍	가 있습니다. **があります。** 가 아리마스

해일 **津波** 쯔나미	홍수 **洪水** 코-즈이	화재 **火事** 카지	병자 **病人** 뵤-닝	사고 **事故** 지코	교통사고 **交通事故** 코-츠-지코

도둑 **泥棒** 도로보-	소매치기 **スリ** 스리	강도 **強盗** 고-토-	날치기 **ひったくり** 힛타쿠리	+	이에요! **です！** 데스

준비하다
입국·출국하다
이동하다
걷다
자다
먹다
즐기다
사다
해결하다
교류하다

응급상황

경찰	소방차	구급차
けい さつ **警察**	しょう ぼう しゃ **消防車**	きゅうきゅうしゃ **救急車**
케-사츠	쇼-보-샤	큐-큐-샤

+

를 불러 주세요.
よ
を 呼んで ください。
오 욘데 쿠다사이

여행지에서 큰 사고나 재난을 당했을 때는 도쿄와 같이 큰 도시는 大使館(たいしかん:타이시칸:대사관), 작은 도시에서는 領事館(りょうじかん:료-지칸:영사관)에 연락을 한다.

110번에 전화해 주세요.
ひゃくとう ばん でん わ
110番に 電話して ください。
햐쿠토-방니 뎅와시테 쿠다사이

소매치기 당했어요.
スリに 遭いました。
스리니 아이마시타

지진

대피소는 어디예요?
ひ なん ところ
避難する 所は どこですか？
히난스루 토코로와 도코데스카

화장실이 어디예요?
**トイレは
どこですか？**
토이레와 도코데스카

국제전화를 걸고 싶은데요…
こく さい でん わ
国際電話を かけたいんですが・・・
코쿠사이뎅와오 카케타인데스가

대사관	영사관
たい し かん **大使館**	りょう じ かん **領事館**
타이시칸	료-지칸

+

과 연락을 취하고 싶은데요…
れん らく と
と 連絡を 取りたいんですが・・・
토 렌라쿠오 토리타인데스가

물
水

미즈

물티슈
ウェットティッシュ
웻토 팃슈

+

는 어디에서 받으면 되나요?
は どこで 受け取れば いいですか？
와 도코데 우케토레바 이-데스카

화장실 휴지
トイレットペーパー

토이렛토 페-파-

음식
食べ物
타베모노

이불
布団
후통

대피소
避難所
히난죠

어디에 가야
どこに 行けば
도코니 이케바

전지
電池

덴치

기름
ガソリン

가소린

초
ろうそく

로우소쿠

라이터
ライター

라이타

약
薬
쿠스리

+

을 구할 수 있나요?
が 手に 入るんですか？
가 테니 하이룬데스카

해결하다 06 재난·재해·사고

분실

여권  **パスポート** 파스포-토		이 없어졌어요. / 을 잃어버렸어요. **が 無くなりました。** 가 나쿠나리마시타
가방 **カバン** 카방		을 훔쳐갔어요. **が 盗まれました。** 가 누스마레마시타
배낭 **リュック** 륙쿠	+	을 떨어뜨렸어요. **を 落としました。** 오 오토시마시타
지갑 **お財布** 오사이후		을 잊고 왔어요. **を 忘れて きました。** 오 와스레테 키마시타
돈 **お金** 오카네		을 놓고 왔어요. **を 置き忘れました。** 오 오키와스레마시타
신용카드 **クレジットカード** 쿠레짓토 카도		분실물이 없었나요? **の 落し物、ありません でしたか？** 노 오토시모노 아리마셍데시타카

어디에서 말인가요?	어디에 말인가요?	언제였어요?
どこで ですか？	**どこに ですか？**	**いつ ですか？**
도코데데스카	도코니데스카	이츠데스카

지하철 안에서	지하철 안에	모르겠어요.
地下鉄の 中で	**地下鉄の 中に**	**わかりません。**
치카테츠노 나카데	치카테츠노 나카니	와카리마셍

찾으면
見つかったら
미츠캇타라

\+

(종이를 보이면서) 여기에
ここに
코코니

한국대사관에
韓国大使館に
캉코쿠타이시칸니

\+

연락해 주세요.
連絡して ください。
렌라쿠시테 쿠다사이

보내 줄 수 있을까요?
送って もらえませんか?
오쿳테 모라에마셍카

도움 요청

도와주세요.
助けて ください。
타스케테 쿠다사이

일본어를 못해요.
日本語が できません。
니홍고가 데키마셍

어떻게 하면 되죠?
どうしたら いいですか？
도-시타라 이-데스카

그거 안됐네요.
それは 困りましたね~
소레와 코마리마시타네

그거 큰일이네요.
それは 大変ですね~
소레와 타이헨데스네

한국어 통역이 필요할 때

영어 할 줄 알아요?
英語が できますか？
에이고가 데키마스카

한국어를 할 수 있는 사람 없나요?
韓国語が できる人、いませんか？
캉코쿠고가 데키루히토 이마셍카

충전

충전하고 싶은데요…
充電したいんですが・・・
쥬-덴 시타인데스가

어디서 충전할 수 있나요?
どこで 充電 できますか？
도코데 쥬-덴 데키마스카

→

이쪽에서 하세요.
こちらで どうぞ。
코치라데 도-조

준비하다 입국·출국하다 이동하다 걷다 자다 먹다 즐기다 사다 해결하다 교류하다

실례지만, 일본어를 몰라서 그러는데, 대신
すみません。日本語が できないので、代わりに
스미마셍　　　니홍고가 데키나이노데 카와리니

\+

부탁해도 될까요?
お願い できますか？
오네가이 데키마스카

전화 좀 받아 주세요.
電話に 出て ください。
뎅와니 데테 쿠다사이

여기에 전화해 주세요.
ここに 電話して ください。
코코니 뎅와시테 쿠다사이

→

네, 좋아요.
はい、いいですよ。
하이 이-데스요

조금밖에 못해요.
少ししか できません。
스코시시카 데키마셍

여기에 써 주세요.
ここに 書いて ください。
코코니 카이테 쿠다사이

좀 더 천천히 말해 주세요.
もっと ゆっくり 話して ください。
못토 육쿠리 하나시테 쿠다사이

해결하다 07 급할 때 한마디

213

준비하다
입국·출국하다
이동하다
걷다
자다
먹다
즐기다
사다
해결하다
교류하다

Trip10 교류하다 交流する
코·류·스·루

괜찮으시다면, 함께 어떠세요?

よかったら、一緒に どうですか？

요캇타라 잇쇼니 도-데스카

01 전통 놀이 伝統の遊び 덴토-노 아소비

연날리기 **凧揚げ** <small>たこ あ</small> 타코 아게	낱말 찾기 **カルタ** 카루타 
겐다마 **けん玉** <small>だま</small> 켄다마 	팽이치기 **こま回し** <small>まわ</small> 코마 마와시
얼굴 맞추기 **福笑い** <small>ふく わら</small> 후쿠 와라이 설날 놀이로 눈을 가린 후 얼굴을 맞춰가는 놀이.	주사위 **双六** <small>すご ろく</small> 스고로쿠
유리구슬 **ビー玉** <small>だま</small> 비-다마	화투 **花札** <small>はな ふだ</small> 하나후다
제기차기 **羽蹴り** <small>はね け</small> 하네 케리	전통 배드민턴 **羽根つき** <small>は ね</small> 하네 쯔키 모감주 나무에 새의 깃을 꽂아 만든 공을 탁구채와 같은 것으로 치는 전통 놀이.

교류하다
01
전통 놀이

215

02 연중행사 年中行事 <ruby>年<rt>ねん</rt></ruby><ruby>中<rt>じゅう</rt></ruby><ruby>行<rt>ぎょう</rt></ruby><ruby>事<rt>じ</rt></ruby> 넨쥬-교-지

준비하다
일목·출국하다
이동하다
걷다
자다
먹다
즐기다
사다
해결하다
교류하다

1월

| 설날
お正月
오쇼-가츠 | 설날 음식
おせち料理
오세치 료-리 | 신년 참배
初詣
하츠 모우데 | 세뱃돈
お年玉
오토시다마 | 제비뽑기
おみくじ
오미쿠지 |

2월

절분
節分
세츠분

도깨비
鬼
오니

콩 뿌리기
豆まき
마메 마키
콩을 뿌리며 악귀를 물리치는 것.

밸런타인데이
バレンタインデー
바렌타인데-

3월

히나마츠리
ひな祭り
히나마츠리
여자아이의 건강을 빌면서 인형을 장식하는 행사.

히나인형
雛人形
히나 닌교-

졸업식
卒業式
소츠교-시키

4월

벚꽃놀이
花見
하나미

입학식
入学式
뉴-가쿠시키

입학 축하해!
入学 おめでとう！
뉴-가쿠 오메데토-

5월

단오절
端午の 節句
탄고노 셋쿠

투구 장식
兜飾り
카부토 카자리

잉어 깃발
鯉のぼり
코이 노보리

7월

칠월칠석
たな ばた
七夕
타나바타

단자쿠
たん ざく
短冊
탄자쿠

소원을 적은 가느다란 색종이인 단자쿠를 대나무에 달아 소원을 빈다.

대나무잎
ささのは
사사노하

8월

오봉
ぼん
お盆
오봉

봉오도리
ぼん おど
盆踊り
봉오도리

여름휴가
なつ やす
夏休み
나츠야스미

음력 7월 15일 밤에 남녀가 모여서 추는 윤무.

9월

달맞이
つき み
月見
쯔키미

달맞이 경단
つき み だん ご
月見団子
쯔키미 단고

10월

단풍 구경
もみじ が
紅葉狩り
모미지가리

11월

시치고상
しち ご さん
七五三
시치고상

아이들이 건강하게 성장하길 기원하는 의미로 여자아이는 3살과 7살이 되는 해, 남자아이는 5살이 되는 해에 신사에 가서 참배를 하는 행사.

치토세 아메
ちと せ あめ
千歳飴
치토세아메

장수를 비는 마음으로 먹는 것.

12월

크리스마스
クリスマス
쿠리스마스

12월 31일
おお みそ か
大晦日
오-미소카

대청소
おお そう じ
大掃除
오-소-지

연말에 먹는 메밀국수
とし こ
年越しそば
토시코시 소바

12월 31일에 한 해를 잘 마무리하고 새해의 기를 얻고자 하는 의미로 먹는 메밀국수.

03 첫 만남 初めての 出会い 하지메테노 데아이

준비하다
입국·출국하다
이동하다
걷다
자다
먹다
즐기다
사다
해결하다
교류하다

자기소개

처음 뵙겠습니다.
初めまして。
하지메마시테

성함이…?
お名前は・・・？
오나마에와

저는 ~라고 합니다.
私は ～と 申します。
와타시와 ~토 모-시마스

우리 식 이름이 발음하기 어려울 수 있으므로 일본 사람이 알기 쉽도록 한자와 읽는 법을 함께 적어 준다.

金民奭

만나서 반가워요.
お会いできて うれしいです。
오아이데키테 우레시-데스

출신

どちらから いらしたん ですか？(도치라카라 이라시탄데스카)라고도 한다.

어디에서 왔어요?
どこから 来たんですか？
도코카라 키탄데스카

어디에서 오셨어요?
どちらから いらっしゃったんですか？
도치라카라 이랏샷탄데스카

↓

한국 **韓国** 캉코쿠	중국 **中国** 츄-고쿠	미국 **アメリカ** 아메리카	영국 **イギリス** 이기리스	러시아 **ロシア** 로시아

+

한국의 **韓国の** 캉코쿠노	서울 **ソウル** 소우루	부산 **プサン** 푸산	+	에서 왔어요. **から 来ました。** 카라 키마시타

218

한국에 가 본 적이 있어요.
→ **韓国に 行ったことが あります。**
캉코쿠니 잇타코토가 아리마스

어땠어요?
→ **どうでしたか？**
도-데시타카

일본어를 할 줄 알아요?
日本語が できますか？
니홍고가 데키마스카

좋았어요.
よかったです。
요캇타데스

아니에요. 못해요.
いいえ、できません。
이-에 데키마셍

일본어를 잘하시네요.
日本語が 上手ですね。
니홍고가 죠-즈데스네

조금밖에 못해요.
少ししか できません。
스코시시카 데키마셍

그래요? 고마워요.
そうですか？ ありがとうございます。
소-데스카   아리가토-고자이마스

어떻게 공부하고 있어요?
どうやって 勉強して いますか？
도-얏테 벤쿄-시테 이마스카

드라마 **ドラマ** 도라마	만화 **漫画** 망가	애니메이션 **アニメ** 아니메
학교 **学校** 각코-	제이팝 **J-POP** 제이 폽프	혼자 **一人** 히토리

+ 로 공부하고 있어요.
で 勉強して います。
데 벤쿄-시테 이마스

219

04 여행 일정과 직업 旅行の日程と職業 료코-노 닛테이토 쇼쿠교-

준비하다
입국·출국하다
이동하다
걷다
자다
먹다
즐기다
사다
해결하다
교류하다

여행 목적

여행하러 왔어요?
ご旅行ですか？
고료코-데스카

→ Yes →

네, 여행 왔어요.
はい、旅行です。
하이 료코-데스

↓ No

아니요
いいえ
이-에

+

일	연수	유학
仕事	**研修**	**留学**
시고토	켄슈-	류-가쿠

+

로 왔어요.
で 来ました。
데 키마시타

방문 회수

일본에는 처음이신가요?
日本は 初めてですか？
니홍와 하지메테데스카

→ Yes →

네, 처음이에요.
はい、初めてです。
하이 하지메테데스

↓ No

자주 와요.
よく 来ます。
요쿠 키마스

가끔 와요.
たまに 来ます。
타마니 키마스

아니요.
いいえ。
이-에

+

두 번째	세 번째	네 번째
2回目	**3回目**	**4回目**
니카이메	상카이메	용카이메

+

예요.
です。
데스

어제 일정

어제는 어디에 갔어요?
昨日は どこに 行きましたか？
키노우와 도코니 이키마시타카

~에 갔어요.
〜へ 行きました。
에 이키마시타

내일은 어디에 가나요?
明日は どこに 行きますか？
아시타와 도코니 이키마스카

내일은 ~에 갈 예정이에요.
明日は 〜へ 行く つもりです。
아시타와 ~에 이쿠 쯔모리데스

220

여행 질문

여행은 며칠간인가요?
旅行は 何日間ですか？
りょこう なんにちかん
로코-와 난니치캉데스카

귀국은 언제예요?
お帰りは いつですか？
かえ
오카에리와 이츠데스카

↓

3일간 **3日間** みっかかん 밋카캉	일주일간 **一週間** いっしゅうかん 잇슈-캉
2박 3일 **2泊3日** にはくみっか 니하쿠 밋카	3박 4일 **3泊4日** さんぱくよっか 삼빠쿠 욧카

4박 5일 **4泊5日** よんぱくいつか 욘빠쿠 이츠카	**+**	이에요. **です。** 데스

↓

내일 **明日** あした 아시타	모레 **明後日** あさって 아삿테
3일 후 **3日後** みっかご 밋카고	일주일 후 **一週間後** いっしゅうかんご 잇슈-캉고

다음 주 수요일 **来週の 水曜日** らいしゅう すいようび 라이슈-노 스이요-비	**+**	이에요. **です。** 데스

직업

무슨 일을 하세요? **お仕事は？** しごと 오시고토와	학생 **学生** がくせい 가쿠세-	대학생 **大学生** だいがくせい 다이가쿠세-	회사원 **会社員** かいしゃいん 카이샤잉

공무원 **公務員** こうむいん 코-무잉	자영업 **自営業** じえいぎょう 지에-교-		주부 **主婦** しゅふ 슈후	변호사 **弁護士** べんごし 벤고시

의사 **医師** いし 이시	교사 **教師** きょうし 쿄-시	강사 **講師** こうし 코-시	니트족 **ニート** 니-토	**+**	이에요. **です。** 데스

05 나이 年 토시

준비하다
입국·출국하다
이동하다
걷다
자다
먹다
즐기다
사다
해결하다
교류하다

나이

몇 살이에요?
何歳ですか？
난사이데스카

25살이에요.
25歳です。
니쥬-고 사이데스

생일과 연호

일본 사람에게 생일을 물어보면 쇼와 몇 년생이니 헤이세이 몇 년생이니 하는 대답을 듣게 된다. 일본에서는 서력이 아닌 일본 고유의 연호를 쓰기 때문이다. 지금도 관공서를 비롯해 꽤 많은 곳에서 연호를 쓰고 있어서 쉽게 바뀌지는 않을 것이다. 우리에게는 다소 생소하더라도 다음의 연호를 참고하여 계산하는 법을 익혀 보자.
(*2018년은 헤이세이 30년)

몇 년생이세요?
何年生まれですか？
난넹 우마레데스카

서력으로 몇 년인가요?
西暦何年ですか？
세이레키 난넨데스카

↓

↓

쇼와 55년생이에요.
昭和 55年生まれです。
쇼-와 고쥬-고넨 우마레데스

→

1980년이에요.
1980年です。
셍큐-햐쿠 하치쥬-넨데스

헤이세이 5년이에요.
平成 5年です。
헤-세- 고넨데스

昭和(쇼와)가 1926년부터 시작하므로 1926년이 昭和 1년이다. 따라서 昭和 55년은 1980년이 된다.
마찬가지로 平成(헤이세이) 1년이 1989년이므로, 平成 5년은 1993년이 된다.

메이지 (M)	다이쇼 (T)	쇼와 (S)	헤이세이 (H)	레이와 (R)
明治(45年)	**大正**(15年)	**昭和**(64年)	**平成**(31年)	**令和**
메이지	타이쇼-	쇼-와	헤-세-	레이와
1868~1912	1912~1926	1926~1989	1989~2019	2019~현재까지

일본은 천황의 즉위년을 기점으로 연호를 사용하고 있다. 연호는 천왕이 서거한 다음날부터 새로운 연호로 바뀐다. 따라서 한 해에 두 개의 연호가 존재하는 경우도 있다. 헤이세이의 경우 생전에 황실회의를 거쳐 헌정 사상 처음으로 2019년 4월 30일로 천황 퇴위일을 결정했다.

06 취미 趣味 슈미

취미 질문

취미는 뭔가요?
趣味は 何ですか？
슈미와 난데스카

영화감상
映画鑑賞
에이가 칸쇼-

독서
読書
도쿠쇼

일요 목공
日曜大工
니치요- 다이쿠

| 그림
絵
에 | 피아노
ピアノ
피아노 | 만화
漫画
망가 | 기타
ギター
기타 | | 낚시
釣り
쯔리 | 여행
旅行
료코- |

드라이브
ドライブ
도라이부

요리
料理
료-리

야구
野球
야큐-

축구
サッカー
삭카-

＋ 예요(이에요).
です。
데스

취미 대답

영화를 보는
映画を 見る
에이가오 미루

음악을 듣는
音楽を 聴く
온가쿠오 키쿠

＋ 거예요.
ことです。
코토데스

책을 읽는
本を 読む
홍오 요무

만화를 읽는
漫画を 読む
망가오 요무

요리를 만드는
料理を 作る
료-리오 쯔쿠루

여행을 하는
旅行をする
료코-오 스루

사진을 찍는
写真を 撮る
샤싱오 토루

그림을 그리는
絵を 描く
에오 카쿠

피아노를 치는
ピアノを 弾く
피아노오 히쿠

야구를 하는
野球をする
야큐-오 스루

축구를 하는
サッカーをする
삭카-오 스루

기타를 치는
ギターを 弾く
기타오 히쿠

교류하다

05 나이

06 취미

준비하다
입국·출국하다
이동하다
걷다
자다
먹다
즐기다
사다
해결하다
교류하다

요즘 어떤 드라마가 재미있어요?
最近、どんなドラマが面白いですか？
사이킹 돈나 도라마가 오모시로이데스카

나중에 제목 알려 드릴게요.
後で題名を教えます。
아토데 다이메-오 오시에마스

한국에서도 인기 있어요.
韓国でも人気がありますよ。
캉코쿠데모 닌키가 아리마스요

한국 드라마 중에서 뭐를 좋아해요?
韓国のドラマの中で何が好きですか？
캉코쿠노 도라마노 나카데 나니가 스키데스카

누가 나오죠?
誰が出ていますか？
다레가 데테 이마스카

한국에서 히트한 드라마예요.
韓国でヒットしたドラマです。
캉코쿠데 힛토시타 도라마데스

저 노래 좋죠?
あの歌、いいでしょ？
아노 우타 이-데쇼

좋아하는 배우는 누구예요?
好きな俳優は誰ですか？
스키나 하이유-와 다레데스카

옛날부터 좋아했어요.
昔から好きでした。
무카시카라 스키데시타

가수 이름이…?
歌手の名前は？
카슈노 나마에와

저도 좋아해요.
私も好きです。
와타시모 스키데스

한국에서 유명한 ~예요.
韓国で有名な～です。
캉코쿠데 유-메-나 ~데스

꼭 들어 보세요.
ぜひ、聞いてください。
제히 키이테 쿠다사이

노래	배우	여배우	영화
歌	**俳優**	**女優**	**映画**
우타	하이유-	죠유-	에이가

꼭 봐 보세요.
ぜひ、見てください。
제히 미테 쿠다사이

08 일본어에 대해 日本語に ついて 니홍고니 쯔이테

이건 일본말로 뭐라고 해? **これ、日本語で 何？** 코레 니홍고데 나니	이건 일본말로 뭐라고 해요? **これは 日本語で 何と 言いますか？** 코레와 니홍고데 난토 이-마스카
↓	↓
~야. **～だよ。** 다요 	이건 ~라고 말해요. **これは～と 言います。** 코레와 ~토 이-마스
이건 어떻게 읽어? **これは どう 読む？** 코레와 도- 요무	이건 어떻게 읽어요? **これは どう 読みますか？** 코레와 도- 요미마스카
잘 모르겠어. **よく わからない。** 요쿠 와카라나이	잘 모르겠어요. **よく わかりません。** 요쿠 와카리마셍
조금만 천천히! **もう 少し ゆっくり！** 모-스코시 육쿠리	조금만 천천히 말해 주시겠어요? **もう 少し ゆっくり 言って もらえますか？** 모-스코시 육쿠리 잇테 모라에마스카
다시 한 번 부탁해! **もう一度 お願い！** 모-이치도 오네가이	다시 한 번 말해 주세요. **もう一度 言って ください。** 모-이치도 잇테 쿠다사이
써 줄 수 있어? **書いて くれる？** 카이테 쿠레루	써 주실 수 있어요? **書いて もらえますか？** 카이테 모라에마스카

225

준비하다 · 입국·출국하다 · 이동하다 · 걷다 · 자다 · 먹다 · 즐기다 · 사다 · 해결하다 · 교류하다

~면 ~가 좋아요?
～なら～がいいですか？
나라 ~가 이-데스카

삿포로에 가려면 어느 계절이 좋아요?
札幌に行くなら どの季節がいいですか？
삿뽀로니 이쿠나라 도노 키세츠가 이-데스카

벚꽃구경을 한다면 언제가 좋아요?
花見をするなら いつがいいですか？
하나미오 스루나라 이츠가 이-데스카

단풍을 보러 가려면 어디가 좋아요?
紅葉を見に行くなら どこがいいですか？
모미지오 미니 이쿠나라 도코가 이-데스카

축제를 보려면 언제가 좋아요?
お祭を見るなら いつがいいですか？
오마츠리오 미루나라 이츠가 이-데스카

~는 어디가 가장 유명한가요?
～はどこが一番有名ですか？
와 도코가 이치방 유-메-데스카

벚꽃 桜 사쿠라	불꽃놀이 花火 하나비	단풍 紅葉 모미지	축제 祭 마츠리

~이네요.
～ですね。
데스네

덥네요.
暑いですね。
아츠이데스네

춥네요.
寒いですね。
사무이데스네

습기가 많네요
湿気が多いですね。
식케가 오-이데스네

일본의 설날은 어떻게 보내요?
日本のお正月は どうやって 過ごしますか？
니홍노 오쇼-가츠와 도-얏테 스고시마스카

일본에도 ~가 있어요?
日本にも～が ありますか？
니홍니모 ~가 아리마스카

일본도 추석이 있어요?
日本にも チュソクが ありますか？
니홍니모 츄소쿠가 아리마스카

유명한 ~는 뭐예요?
有名な ～は 何ですか？
유-메-나 ~와 난데스카

유명한 음식이 뭐예요?
有名な 食べ物は 何ですか？
유-메-나 타베모노와 난데스카

~하고 싶어요.
～みたいです。
미타이데스

기모노를 입어 보고 싶어요.
着物が 着て みたいです。
키모노가 키테 미타이데스

축제에 가 보고 싶어요.
お祭に 行って みたいです。
오마츠리니 잇테 미타이데스

온천에 가 보고 싶어요.
温泉に 行って みたいです。
온센니 잇테 미타이데스

어느 온천이 좋아요?
どこの 温泉が いいですか？
도코노 온센가 이-데스카

초밥이 먹고 싶은데요…
お寿司が 食べたいんですが・・・
오스시가 타베타인데스가

10 작별 인사 別れのあいさつ 와카레노 아이사츠

헤어질 때 인사말

안녕히 가세요. / 안녕히 계세요.
さようなら。
사요-나라

고마워요.
ありがとうございます。
아리가토-고자이마스

↓

별말씀을요.
どういたしまして。
도-이타 시마시테

저야말로 고마워요.
こちらこそ、ありがとうございます。
코치라코소 아리가토-고자이마스

반말로 작별 인사

오늘 아주 즐거웠어.
今日は とても 楽しかった。
쿄-와 토테모 타노시캇타

여러 가지로 고마워.
いろいろ、ありがとうね。
이로이로 아리가토-네

~에게 안부 전해 줘.
~に よろしく。
니 요로시쿠

조심해서 잘 가.
気を つけて。
키오 쯔케테

도착하면 연락할게.
着いたら 連絡するね。
쯔이타라 렌라쿠스루네

여행 잘 해!
よい 旅を！= よい 旅行を！
요이 타비오   요이 료코-오

존댓말로 작별 인사

오늘 아주 즐거웠어요.
今日は とても 楽しかったです。
쿄-와 토테모 타노시캇타데스

여러 가지로 신세 많았습니다.
いろいろ、お世話になりました。
이로이로 오세와니 나리마시타

~에게 안부 전해 주세요. **~に よろしく お伝え ください。** 니 요로시쿠 오츠타에 쿠다사이	도착하면 연락할게요. **着いたら 連絡します。** 쯔이타라 렌라쿠시마스
조심해서 잘 가세요. **気を つけて お帰り ください。** 키오 쯔게테 오카에리 쿠다사이	즐거운 여행되세요! **よい ご旅行を！** 요이 고료코-오

연락처

괜찮으시다면, **よかったら、** 요캇타라	+	이름 **名前** 나마에	주소 **住所** 쥬-쇼	전화번호 **電話番号** 덴와방고-	메일 주소 **メールアドレス** 메-루 아도레스

+	을/를 가르쳐 주세요. **を 教えて ください。** 오 오시에테 쿠다사이	을/를 여기에 적어 주세요. **を ここに 書いて ください。** 오 코코니 카이테 쿠다사이

사진 **写真** 샤싱	메일 **メール** 메-루	편지 **手紙** 테가미	+	을/를 보내 드릴게요. **を 送ります。** 오 오쿠리마스

다음에 또 놀러 와요.
また、来て ください。
마타 키테 쿠다사이

잘 지내요.
元気でね。
겡키데네

(긴 이별) 안녕히 계세요. / 잘 가세요.
さようなら。
사요-나라

한국에 오실 때 연락 주세요.
韓国に 来る 時は 連絡 ください。
캉코쿠니 쿠루 토키와 렌라쿠 쿠다사이

조심해서 가요.
お気を つけて。
오키오 쯔케테

바이바이!
バイバイ!
바이바이

그럼 좋은 추억 많이 만드세요!

では、いい思い出たくさん作ってくださいね♡

데와 이- 오모이데 타쿠상 쯔쿳테 쿠다사이네

일본어를 몰라도 백퍼 일본을 즐길 수 있는

미니북
백퍼 여행
일본어

개정 2쇄 2025년 1월 20일

지은이 임단비, 구라모토 타에코
감수 오쿠무라 유지
펴낸이 임형경
펴낸곳 라즈베리
마케팅 김민석
내지 디자인 · 삽화 홍수미
표지디자인 렐리시
편집 장원희, 김범철

등록 제2014-33호
주소 (우 01364) 서울 도봉구 해등로 286-5, 101-905
대표전화 02-955-2165
팩스 0504-088-9913
홈페이지 www.raspberrybooks.co.kr
ISBN 979-11-87152-34-7 (10730)